KB047315

라이프스타일
판매 중

삶을 제안하고 변화를 읽으며 취향으로 묶고 스토리로 팔다

라이프스타일 판매 중

정희선 지음

book by PUBLY

Prologue

"좋은 이야기를 발굴해 판매하는 일은 세상 모든 비즈니스와 연결되어 있어요. 단순히 이야기를 만드는 것만이 능사는 아니고, 세밀한 기획이 뒷받침되어야 합니다. 우선 사람들이 읽거나 접할 마음이 들게 해야 하고, 이야기를 생동감 있게 풀어나가야 하며, 여정의 끝에선 뭔가를 배웠거나 즐겼다는 여운이 남도록 해야 합니다."

— 제러미 랭미드, 미스터포터 브랜드 / 콘텐츠 디렉터
《잡스-에디터》, 2019

라이프스타일이란 무엇일까요? 단어 그대로 해석해보자면, 삶의 방식 혹은 삶의 모양이라 할 수 있습니다. 삶을 구성하는 중요한 요소인 의식주 사이의 경계가 허물어지고, 대신 이 모든 것을 아우르는 통합적인 느낌을 요즘은 라이프스타일이라고 부르는 듯합니다.

서점에서 '라이프스타일' 키워드로 검색해보면 흥미롭습니다. 제목에 라이프스타일이 들어간 한국어책은 200여 권에 불과한 반면, 외국 도서는 수천 권 이상 검색되지요. 이걸 보면, 한국에서 라이프스타일이 가진 잠재력은 무궁무진합니다. 앞으로 더 많고 더 다채로운 라이프스타일 콘텐츠가

탄생할 것입니다. 그런데 이 책에서 라이프스타일이 가지는 위치는 조금 독특합니다. 문제를 해결하는 방법으로서의 라이프스타일입니다.

어떤 문제일까요? 경제는 점점 더디게 성장하고, 대량생산 시대의 공급자 중심 마인드로는 더이상 시장에서 살아남을 수 없는 가운데, 이미 전 세계 선진 문물을 모바일과 여행으로 맛본 소비자의 눈높이는 높아만 갑니다. 그래서 1990년대부터 장기 침체를 겪어온 일본 시장은 우리에게 귀중한 학습의 장입니다. 이 시기 일본은 의류, 출판, 편의점, 백화점, 자동차, 명품 등 가릴 것 없이 소비 시장이 줄어들었습니다.

하지만 기어코 살아남아서 성장을 거듭하는 성공방정식을 찾아낸 기업들의 공통분모가 있었으니, 바로 라이프스타일에 집중하는 것입니다. 이들은 철저하게 고객 관점에서 비즈니스를 재구성하고, 고객과 깊은 관계를 맺고, 그래서 고객의 시간을 점유하는 비즈니스가 되는 것을 목표로 삼았습니다. 고객의 삶의 방식에 스며드는 기업, 고객의 습관이 되는 브랜드는 단거리 경주가 아니라 마라톤에서 승리합니다.

이 책에서 소개하는 기업들의 또 다른 공통점은 좋은 이야기를 가졌다는 것입니다. 일본 도쿄에 거주하면서 비즈니스 애널리스트로 일하는 정희선 님은 세밀한 기획과 생동감 있는 전개를 바탕으로, 배움의 여운을 제공하는 이야기를 한국 독자들을 위해 만들어 냈습니다. 독자분들이 이 책의 끝에서 배움뿐만 아니라 즐거운 여운도 함께 느끼실 수 있다면 더욱 좋겠습니다.

어느새 퍼블리의 여덟 번째 종이책을 함께 해 준 믿음직한 출판 파트너 미래엔 박현미 본부장과 박현아 편집자, 그리고 종이책에 앞서 디지털 콘텐츠로 좋은 이야기가 만들어지는 과정을 든든하게 책임진 퍼블리 콘텐츠 매니저 신동윤 님과 편집 매니저 기명균 님, 퍼블리 콘텐츠를 총괄하는 박소리 님께 진심으로 감사의 마음을 전합니다.

2019년 10월
PUBLY CEO 박소령

마케팅의 축이 '매력적인 생활의 제안,
라이프스타일의 제안'으로 옮겨가고 있습니다.

5년 전 여름, 도쿄에서 만난 브랜드와 유통은 제게 신선한
충격을 안겨 주었습니다. 한 의류 매장에서는 의류와 함께
그릇과 식품을 팔고 있었습니다. 인테리어 소품 매장에서는
안쪽에 위치한 카페에서 샐러드나 디저트를 먹을 수 있었습
니다. 2층에서 옷을 파는 빵 가게도 보았습니다. 의식주의
경계가 희미해지고 의식주 세 가지 요소가 하나로 통합되는
것만 같았습니다.

그들은 '이렇게 한 번 살아봐'라며
매력적인 생활을 제안하고 있었습니다.

처음에는 재미있고 기발한 발상으로만 여겼지만 지난 5년
간 일본에서 살면서, 일본 기업들과 함께 프로젝트를 진행
하며 비즈니스와 트렌드를 읽는 일을 하다 보니 일본의 기
업과 브랜드들이 왜 이러한 시도를 하는지 조금씩 이해되기
시작하였습니다. 소비자의 라이프스타일을 파고드는 마케
팅 전략을 취하고 있는 것입니다.

최근 한국에서도 라이프스타일이라는 키워드는 화두입니
다. 많은 브랜드가 라이프스타일을 마케팅에 사용하고 있습
니다. 라이프스타일을 제안하는 기업을 분석한 책들도 서점
에서 많이 볼 수 있습니다. 이러한 한국의 트렌드를 보면서
일본에서 시도되고 있는 라이프스타일을 활용한 마케팅에
관한 이야기를 함께 나누고 싶어졌습니다.

그렇다면 일본에서는 왜 라이프스타일을 제안하는 마케팅
이 일찍부터 시도되고 있는 것일까요? 저는 이를 경제 상황,
공급자, 소비자라는 세 가지 관점으로 설명하고 싶습니다.

첫 번째는 경제 상황입니다. 일본은 1990년부터 성장이
멈추기 시작했습니다. '잃어버린 20년 혹은 30년'으로 불리
는 기간 동안 경제는 성장하지 않았고 소비자들은 지갑을

닫았습니다. 물건이 팔리지 않는 시대가 되었습니다.

두 번째는 공급자입니다. 일본의 제품은 전반적으로 상향평준화되어 있습니다. 흔히 모노즈쿠리ものつくり, 혼신의 힘을 쏟아 최고의 제품을 만들려는 일본인 특유의 정신라는 단어로 표현되는 장인정신의 DNA가 흐르는 일본인들은 멈추지 않고 품질을 개선합니다. 특히 우리가 매일 사용하고 주변에서 흔히 볼 수 있는 소비재나 의식주 관련 제품들은 어느 브랜드와 제조사를 막론하고 높은 품질을 제공하고 있습니다. 이제는 품질이 좋다는 이유만으로는 소비자를 설득하기가 어려워졌습니다.

마지막으로 일본의 소비자들은 어떨까요? 현재 일본의 밀레니얼 세대는 물가가 올라가는 상황을 경험해보지 못했습니다. 자신의 월급도 항상 그대로였기 때문에 높은 경제 성장률을 자랑하던 시대를 살아간 기성세대와는 확연히 다른 소비 행태를 보입니다. 자신의 부를 드러내기 위한 사치성 소비도 사라져 갑니다.

기업들은 일괄적인 매스 마케팅만으로 소비자를 사로잡기 힘들어졌습니다. 성별, 나이, 소득 등과 같은 기준으로 소비자를 구분하는 것이 더 이상 효과적인 방법이 아니게 되었으며, 물건이 제공하는 혜택이나 가격만으로 소비자를 설득하기가 어려워졌습니다. 높은 품질의 상품에 익숙해진 소비자들은 물건이 아닌 경험을 사고 싶어 합니다. 그들은 가격과 품질이 차별점으로 작용하지 않는 시장에서 물건보다 연속적인 경험을 중요시하고 경험에서 행복감을 느낍니다.

이러한 시대에 살아남기 위한 전략의 하나로서 많은 브랜드가 라이프스타일을 제안하고 이를 제품이나 서비스에 녹여내고 있습니다. 소비자들에게 '이렇게 사는 스타일은 어때?'라며 넌지시 말을 건네며 브랜드를 통해 삶을 제시합니다.

저는 앞으로 라이프스타일을 제안하며 소비자를 파고드는 일본의 사례들을 자세히 들여다보고자 합니다. 한국도 인구 감소와 성장 정체 국면에 접어들었고, 대량 생산의 시대를 넘어 개인의 취향과 개성이 강해지는 사회로 변하고 있으니까요.

다만, 본격적인 이야기를 시작하기 전에 한 가지 당부하고 싶습니다. 앞으로 소개할 마케팅 전략과 캠페인 중 일부는 일본에서도 새로운 시도로 평가받는 움직임입니다. 이 중에는 불과 최근에 오픈한 곳도 있고, 기간 한정으로만 선보인 곳도 있습니다. 따라서 아직 성공 혹은 실패 여부를 말하기 이른 곳도 있고 정량적인 기준으로 결과를 측정하기 힘든 사례도 있습니다. 이런 사례들을 살펴볼 때는 당장의 성과보다 새로운 시도를 하는 이유와 배경에 더 주목해 주시기 바랍니다.

2019년 10월
정희선

《라이프스타일 판매 중》
미리 보기

삶을
제안하다

1. 잡지사는 왜 집을 팔기 시작했을까? : 고객 세분화의 새로운 기준

비슷한 컨셉의 여성 패션 잡지는 일본 잡지 시장에서 경쟁이 가장 심한 분야입니다. 그중 라이프스타일로 타깃을 설정함으로써 확고한 팬 층을 확보한 여성 잡지가 있습니다. 이 잡지사는 의류 브랜드와 협업하여 제작한 옷이나 액세서리 등을 통해 여성 고객들에게 '이런 라이프 스타일은 어떠세요?'라고 제안하고 있습니다. 나아가 특별한 집을 설계하기도 합니다.

2. 렉서스는 왜 카페를 열었을까? : 브랜드와 삶을 연결하다

도쿄에서 자동차를 소유하는 것은 큰 비용이 드는 일입니다.

최근 들어 등장하는 자동차 쉐어링 서비스로 인해 자동차를 소유하려는 욕구는 점점 낮아지고 있습니다. 니즈가 없는 소비자에게 성능으로 마케팅하기는 쉽지 않습니다. 렉서스LEXUS는 라이프스타일을 구성하는 하나의 요소로서 자동차를 팔기 시작했습니다. 또한, 세계 각지에서 모아온 상품, 이를 판매하는 공간, 렉서스다운 삶의 방식을 제안하는 이벤트를 통해 밀레니얼 세대에게 브랜드를 체험하는 기회를 제공합니다.

3. 까르띠에는 왜 편의점을 열었을까? : 고객과의 접점을 늘리다

일본에는 유독 명품 브랜드가 운영하는 카페가 많습니다. 명품 브랜드와 타 업종의 콜라보도 자주 보입니다. 한때 명품 대국이었던 일본의 젊은이들이 더는 브랜드에 집착하지 않고, 자신을 드러내기 위한 사치 소비를 줄이고 있기 때문입니다.

명품 브랜드들은 일본 소비자에게 가깝게 다가가기 위해 다양한 마케팅을 펼치고 있습니다. 재미있는 사례로 까르띠에Cartier는 2018년 9월, 도쿄에 한시적으로 편의점을 운영했습니다. 까르띠에의 목적이 무엇이었는지, 또 명품 브랜드가 운영하는 편의점에서는 무엇을 팔았는지 들여다봅니다.

4. 화장품 회사는 왜 복합 공간을 열었을까? : 온라인이 줄 수 없는 경험

카오^{KAO}, 시세이도^{SHISEIDO} 같은 일본의 대기업이 만드는 화장품에 젊은이들이 식상함을 느끼고 있습니다. SNS로 인해 회사의 규모와 상관없이 존재감을 높이는 화장품 회사들도 등장하기 시작했습니다. 이에 따라 대규모 화장품 회사들에는 브랜드 충성도를 강화하는 마케팅이 중요해지고 있습니다.

시세이도는 브랜드의 가치관을 전달하기 위해 특별한 공간을 만들었습니다. 이곳에 모인 여성들은 독서 모임을 열고, 불교 음식에서 모티브를 딴 건강에 좋은 점심을 먹습니다. 이처럼 시세이도는 외면만이 아니라 내면을 아름답게 만드는 공간을 제공함으로써 여성 고객들의 충성도를 높이고 있습니다. 최근에는 소비자들이 와서 즐길 수 있는 이노베이션 센터도 공개했습니다.

5. 의류 브랜드들은 왜 호텔을 오픈할까? : 고객과 깊은 관계를 맺다

일본의 젊은 층을 중심으로 의류 소비액이 줄어들고 있습니다. 젊은 소비자들은 필요와 유행에 따라 의류를 사서 입고 버리는 소비 패턴을 보입니다. 어떻게 하면 그들의 지갑을 열 수 있을까요?

일본의 의류 브랜드들은 업종과 업태를 불문하고 끊임없

이 다른 브랜드와 협업을 진행합니다. 기간 한정 상품도 자주 기획합니다. 다양한 브랜드의 큐레이션을 통해 스타일을 제안하기도 합니다. 최근에는 고객과 깊은 관계를 맺기 위해 호텔을 만들고 주택까지 제안하는 브랜드가 눈에 띕니다.

```
삶의
변화를 읽다
```

6. 편의점은 왜 피트니스 센터를 열었을까? : '더 자주'에서 '더 오래'

다른 유통 채널과의 경쟁이 심화되면서 일본 편의점의 성장이 정체되고 있습니다. 편의점 업계는 자신들의 점포를 '들르는 곳'이 아니라 '머무는 곳'으로 만들고자 합니다. 매장 2층에 피트니스 센터를 만들고, 코인 세탁소를 만들고 있습니다. 스탠딩 바를 설치한 편의점도 등장했고, 젊은이들에게 인기 있는 돈키호테와의 협업도 마다하지 않습니다. 이처럼 다양하게 활로를 모색하는 일본 편의점 업계의 현재를 살펴봅니다.

7. 백화점 1층 절반이 음식점인 이유? : 백화점이길 포기하는 백화점

일본의 백화점 업계는 20년간 정체를 면치 못하고 있습니다. 인터넷 쇼핑, 아울렛, 대형마트 등 다양화된 유통 업계에서 설 곳을 잃어가고 있는 상황에서 일본 백화점의 변신은 선택이 아니라 필수입니다.

최근 새롭게 변신한 도쿄 니혼바시日本橋의 한 백화점은 주변 직장인을 타깃으로 층별 구성을 파격적으로 바꿨습니다. 마루이 백화점은 '물건을 팔지 않는 점포'를 만들겠다고 선언하였습니다. 다른 유통 채널보다 큰 위기를 겪고 있는 일본 백화점들의 생존 전략을 살펴봅니다.

> **취향으로 묶다**

8. 서점들은 왜 다른 것을 팔까? : 섬세한 제안의 힘

오프라인 서점은 전 세계적으로 위기입니다. 책을 읽는 사람들이 줄어들고 있을 뿐만 아니라 종이책에서 전자책으로 넘어가는 사람들이 많아지고 있습니다. 서점은 책을 파는 것을 넘어 다른 가치를 제공하지 않으면 살아남기 어려워졌습니다.

요즘 한국에서 많이 볼 수 있는 서점의 변신이 일본에서도 활발히 진행 중입니다. 타 업종과 협업하여 새로운 공간

을 제시하거나 소비자의 취향에 맞는 책을 추천하는 큐레이
션에 힘을 쓰기도 합니다. 그 중 책을 꽂는 가구와 책을 묶어
서 함께 파는 서점은 큐레이션이 어디까지 영향을 미칠 수
있는지 보여주는 좋은 사례입니다.

9. 호텔들은 왜 컨셉에 집착할까? : 색다른 경험이 제공하는 가치

일본 정부가 공식적으로 민박 산업을 허용하면서 호텔 산업
은 새로운 국면을 맞습니다. 이제 소비자들은 차별화된 가치
를 제공하지 않으면 그 호텔을 선택하지 않을 것입니다. 이
러한 상황에서 최근 독특한 컨셉을 구현한 호텔들이 등장하
고 있습니다. 일본의 열차 객실을 재현한 호텔, 차 문화에 흠
뻑 빠질 수 있는 호텔들은 외국인 관광객에게 인기를 끌고
있습니다. 만화에 둘러싸인 호텔은 외국인뿐만 아니라 '팬
심' 가득한 내국인들까지 불러들이고 있습니다.

10. 이발소는 왜 술을 팔까? : 커뮤니티로 새로운 가치 창출

일본의 미용 업계는 경쟁이 심화되면서 가격으로 승부하고
있습니다. 하지만 이는 고정 고객 확보로는 이어지지 못하고
있습니다. 이에 따라 취미가 비슷한 사람끼리 모이거나 편안
하게 사람들과 교류할 수 있는 장소를 제공하는 미용실이나

이발소가 조금씩 늘고 있습니다. 주류 면허를 취득하고 술까지 제공하면서 고객들이 편안하게 오래 머물다 갈 수 있는 공간을 제공함으로써 새로운 가치를 창출하는 곳들을 만나 봅니다.

> 스토리로
> 팔다

11. 잡지가 소고기를 부록으로 주는 이유? : 한 끗 차이를 만드는 스토리텔링

농촌과 지역 경제의 침체는 일본의 큰 과제입니다. 일본은 오래전부터 1차 산업을 활성화하기 위해 많은 노력을 해왔습니다. 그 노력의 일환으로 한 잡지가 생산자들의 이야기를 전하며 굳건한 팬 층을 확보하고 있습니다. 스토리텔링을 적극적으로 활용하고 있는 거죠. 잡지의 부록은 농부 혹은 어부가 직접 생산한 소고기, 조개 등입니다. 구독자들은 스토리가 담긴 농산물을 먹으면서 생산자의 팬이 됩니다. 구독자와 생산자의 연결은 지역 경제 활성화로 이어집니다.

12. 매일 캠핑하며 살아가는 사람들? : 라이프스타일을 팔다

일본인 중에는 집을 구매하지 않고 평생 렌트해 사는 사람들이 꽤 있습니다. 이렇듯 내 집 마련에 대한 의지가 한국처럼 강하지 않은 일본의 주택 시장에서 존재감을 드러낸 회사가 있습니다. 이 회사는 통나무집, 즉 로그하우스라는 니치 마켓niche market에서 독점적인 지위를 확보 중입니다.

로그하우스는 새로운 라이프스타일을 경험하고 싶은 가족들에게 인기를 끌고 있습니다. 이곳에서 사는 거주자들은 직접 나서서 로그하우스를 알립니다. 거주자들이 열렬한 팬이 되어 홍보하는 집을 소개합니다.

Contents

삶을 제안하다

삶의 변화를 읽다

취향으로 묶다

스토리로 팔다

삶을 제안하다

1 잡지사는 왜
집을 팔기 시작했을까?

차별화 없는
여성 패션 잡지 시장

일본의 출판 시장은 한국보다 약 2배 큽니다.* 하지만 1990년대 후반을 정점으로 이후 지속적으로 시장 규모가 감소합니다. 책이나 잡지가 아닌 다양한 엔터테인먼트와 미디어가 출현하면서 책을 읽는 사람들의 수가 줄어들고, 종이책이 아닌 전자책을 읽는 사람들이 늘어난 것이 가장 큰 이유입니다.

일본 출판 시장의 특징은 잡지가 일반 서적보다 더 많이 팔리는 점이었습니다. 일본의 출판 시장이 정점에 있었던 1990년대 후반, 일본에서 팔리는 잡지의 총 판매액은 일반

---

* 2016년 기준, 한국 출판 시장: 7조 8,130억 원, 일본 출판 시장: 1조 4,700억 엔. (출처: 한국출판문화산업진흥원, 일본전국출판협회全国出版協会)

** 1996년 기준, 잡지: 1조 5,633억 엔, 일반 서적: 1조 931억 엔. (출처: 일본전국출판협회)

▲ 서점에 진열된 일본의 여성 패션 잡지

서적의 총 판매액을 넘어섰습니다.** 하지만 일본의 출판 시
장이 점점 축소되며, 잡지 시장도 침체를 면치 못하고 있으
며 특히 잡지 시장은 일반 서적 시장보다 더 빠른 속도로 감
소하였습니다. 월 400엔(한화 약 4,000원)의 가격에 다양한
잡지를 무제한으로 온라인에서 읽을 수 있는 서비스의 출현
도 잡지 시장 감소의 원인 중 하나입니다.

  2017년 일본 잡지 시장의 매출 규모는 6,457억 엔으로,
20년 전과 비교하면 시장 매출의 약 60%가 사라져 버렸습

니다. 이 와중에도 경쟁이 가장 치열한 잡지 시장은 여성 패션 잡지입니다.

현재 약 100여 종류의 여성 패션 잡지가 일본에서 매달 발간되고 있습니다. 일본 여성을 대상으로 하는 패션 잡지는 일반적으로 연령별로 세그멘테이션^{segmentation, 고객 세분화}을 합니다. 20·30·40대는 물론이고, 60대 이상의 여성을 대상으로도 잡지를 만듭니다. 또한, 패션 스타일로 독자를 구분합니다. 예를 들어, 오피스 룩, 내추럴 룩, 캐주얼 룩, 하라주쿠에서 자주 볼 수 있는 개성 강한 룩 등으로 구분하는 것입니다.

이 중 20대부터 40대 여성까지를 대상으로 하는 잡지는 차별화된 내용을 싣기 힘듭니다. 대부분 잡지는 비슷한 브랜드와 유행하는 최신 패션을 소개할 뿐입니다. 이러한 여성 패션 잡지 중에서 라이프스타일이라는 새로운 기준으로 고객을 세분화하고, 독자 그룹을 창출하여 전 연령대로부터 사랑받는 잡지가 눈에 띕니다. 바로 여성 라이프스타일 잡지 린넬リンネル입니다.

라이프스타일로
새로운 독자를 창출하다

2010년 10월에 창간한 린넬은 새로운 방식으로 타깃 독자를 설정했습니다. 자신들의 이야기를 읽고 싶어 할 독자 그룹을 지칭할 이름도 지었습니다. 쿠라시케조세暮らし系女性*라고 불리는 여성들입니다. 쿠라시케조세는 매일매일의 생활을 소중히 여기고 싶어 하는 여성들입니다. 이들은 주로 편안하지만 느낌 있는 패션 스타일을 선호하고, 특별한 상황이 아닌 일상에서 행복을 찾습니다.

요즘 한국에서도 '소확행**'이라는 단어를 많이 들을 수

---

* '살다'를 뜻하는 쿠라스暮らす와 '여성'을 뜻하는 조세女性를 합친 단어로, 생활에 충실한 여성의 이미지가 떠오르게 한다.
** 소확행이란 한자 그대로 小(작다) 確(확실하다) 幸(행복하다), 작지만 확실한 행복을 일컫는 말이다. 일자리, 생활, 가정, 인간관계 등 불안하고 불확실한 시대를 사는 우리들이 삶에서 그나마 찾을 수 있는 소소하지만 확실하게 느낄 수 있는 행복감을 뜻한다.

잡지사는 왜 집을 팔기 시작했을까?

있습니다. 소소하지만 확실한 행복과 만족감을 매일의 일상에서 추구하는 여성을 떠올리신다면 바로 그런 여성들을 쿠라시케조세라고 부를 수 있을 것입니다.

웰빙, 오가닉, 슬로우 라이프, 미니멀리즘 같은 라이프스타일을 대상으로 하는 잡지는 이미 시장에 존재합니다. 하지만 일상을 살아가는 평범한 사람 중 미니멀리즘 혹은 웰빙 스타일을 철저하게 지키며 살아가는 사람이 얼마나 될까요? 대부분의 여성이 건강한 음식을 먹으며 스트레스 없이 사는 생활을 꿈꾸지만, 이를 철저히 지키기는 힘듭니다. 따라서 린넬은 쿠라시케조세들이 쉽게 구현할 수 있는 의식주의 영역을 모두 포함한 라이프스타일을 제안합니다.

린넬은 창간할 때부터 철저히 쿠라시케조세라는 독자 그룹이 좋아할 콘텐츠로 잡지를 구성했습니다. 특정 라이프스타일을 가진 여성이 타깃인 린넬은 20대부터 70대까지 전연령대에 걸쳐 사랑받고 있습니다. 린넬이 제시하는 라이프스타일에는 연령 제한이 없으니까요. 또한, 일하는 커리어 우먼이든 집에 있는 가정주부든 모두 린넬의 독자가 될 수 있습니다.

커리어 우먼으로 예를 들어 보겠습니다. 그들은 직장에서는 경제 관련 잡지를 읽고 출근할 때 입을 옷을 참고할 만한

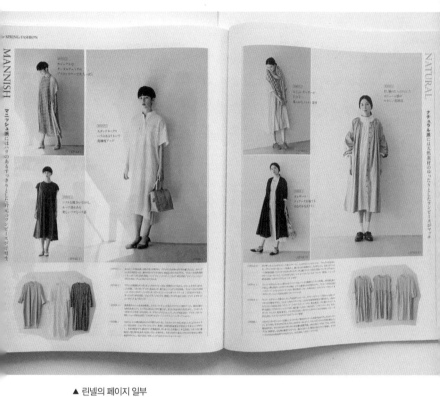

▲ 린넬의 페이지 일부

잡지사는 왜 집을 팔기 시작했을까?

패션지를 구독합니다. 동시에 개인적인 생활에서는 누구보다 린넬이 제안하는 쿠라시케조세 같은 라이프스타일을 보내고 싶어 하는 여성일 수 있습니다.

이렇게 린넬은 기존의 시장을 세분화하는 방식과 관습을 그대로 따라하기보다는 고객의 라이프스타일을 면밀히 관찰해 새로운 타깃 독자를 만들었습니다.

독자의 집안을 들여다보는 패션 잡지

린넬을 창간한 편집자 니시야마 치카코西山千鶴子는 패션 잡지를 즐겨 보는 출판사 편집자였습니다. 30대가 되자, 그는 패션 잡지를 보지 않는 자신을 발견합니다. 패션이 싫어지거나 정보가 필요 없는 것은 아니었습니다. 단지 자신에게 필요한 정보가 없었던 거죠. 니시야마 치카코는 20대에는 어떤 옷을 입고 어떤 메이크업을 하느냐를 중요하게 여겼다면, 30대에 들어서는 그간 정립된 자신의 스타일을 패션뿐만 아니라 생활 전반에 적용하고 싶었습니다.

그래서 린넬은 의식주와 관련된 모든 콘텐츠를 다룹니다. 계절에 맞춘 편안하면서도 스타일리시한 패션을 코디하는 방법부터 라이프스타일 연구가가 제안하는 집안의 효율적인 동선을 위한 가구 배치, 건강에 좋은 간단한 음식을 만드

▲ 의식주와 관련된 모든 콘텐츠를 다룬 린넬

는 레시피까지 잡지에 실려 있습니다.

린넬은 콘텐츠를 만들 때, 독자의 연령이나 직업보다 '무엇을 좋아하는 독자인가?', '어떤 생활을 하고 싶은 독자인가?'를 항상 염두에 둡니다. 독자들의 라이프스타일에 어울리고, 생활에 도움이 될 내용, 이것이 린넬이 콘텐츠를 제작하는 기준입니다.

그 결과, 린넬은 폭넓은 연령층으로부터 지지를 얻고, 패션 잡지 분야에서 판매 부수 1위를 차지할 만큼 인기를 끌고 있습니다.*

---

* 일본 ABC 협회가 2018년 5월 10일 발표한 월간 남녀 패션 잡지(총 58종) 판매 부수 순위에서 1위를 기록했다.

잡지사는 왜 집을 팔기 시작했을까?

라이프스타일로
온·오프라인을 모두 공략하다

린넬은 자신들이 제안하는 라이프스타일을 지면을 통해서만 보여주지 않습니다. 타 브랜드와의 적극적인 협업^{컬래버레이션, collaboration}을 통해 독자들의 스타일에 딱 맞는 의류·인테리어 소품 제작에도 관여합니다. 협업을 넘어 린넬은 의류 브랜드 'tsukuru & Lin.^{ツクル&リン}'을 직접 설립하고, 독자에게 제안하는 상품들을 모아 판매하는 인터넷 사이트[*]까지 운영하고 있습니다.

린넬이 제안하는 라이프스타일을 좋아하는 독자들은 자신의 취향을 누구보다 잘 아는 린넬이 운영하는 웹사이트에서 자신의 라이프스타일을 현실에서 구현할 도구를 찾을 수

---

*   https://kuraline.jp/

▲ 린넬이 제안하는 상품을 모아 판매하는 사이트 kuraline 홈페이지

있습니다.

온라인뿐만이 아닙니다. 린넬은 독자들을 위한 오프라인 이벤트도 정기적으로 개최합니다. 2017년에 개최된 이벤트는 시부야에서 서쪽으로 10km 떨어진 지역인 후타고타마가와二子玉川에서 진행되었습니다. 후타고타마가와는 한국에도 라이프스타일을 제안하는 서점으로 잘 알려진 츠타야 서점이, 가전으로 사업 영역을 확장하여 선보인 츠타야 가전 매장이 들어선 곳입니다. 츠타야가 자신들의 새로운 사업인

츠타야 가전을 후타고타마가와에 오픈한 데는 이유가 있습니다. 이곳은 최근 젊은 부부들의 유입이 증가하고, 라이프 스타일 관련 숍이 늘어나고 있는 곳입니다. 이러한 후타고타마가와에서 가장 잘 팔리는 잡지는 다름 아닌 린넬입니다.

린넬이 후타고타마가와에서 개최한 이벤트에는 약 1만 6,000명의 독자가 방문했습니다. 이벤트에는 린넬이 제안하는 가사 도구 등을 엄선해서 전시 및 판매하고, 뷰티 세미나를 개최하여 과하지 않으면서 편안한 느낌을 연출할 수 있는 피부 관리와 메이크업 팁을 알려줍니다.

린넬은 정기적으로 수공예 제품을 만드는 워크숍을 개최하거나 전국의 유명한 빵집 47개가 참가한 빵 페스티벌을 여는 등 의식주와 관련한 다양한 이벤트로 독자들에게 오프라인에서만 느낄 수 있는 즐거움도 선사하고 있습니다.

세상 어디에도 없는
특별한 집

최근 린넬은 일본에서 처음 시도되는 협업을 진행했습니다. 바로 린넬 스타일의 집을 짓는 것입니다. 린넬이 만듦은 물론, 독자들의 라이프스타일을 구현할 수 있도록 설계된 집입니다. 까사 린넬カーサ リンネル* 이라는 이름의 이 프로젝트는 린넬의 타깃 독자인 쿠라시케조세들이 자신들의 라이프스타일을 구현하기 위해 '린넬이 할 수 있는 일은 무엇일까'라는 생각에서 시작되었습니다. 또한 건설 업계에 종사하는 사람 대부분이 남성인 상황에서 철저하게 여성의 시선으로 설계된 집을 만들어보고 싶다는 생각으로 린넬은 주택 프로젝트에 참여하게 됩니다.

---

* https://www.casacarina.jp/liniere/index.html.

▲ 린넬이 제안하는 집 이미지 (출처: 까사 린넬 홈페이지)

집을 설계하는 린넬은 주택에 관한 상식을 뒤집습니다. 일반적으로 집을 지을 때는 가족의 수나 구성에 맞추어 방의 개수부터 정합니다. 또한, 대부분 일본의 집은 좁은 공간을 활용하기 위해 벽으로 공간을 나눕니다. 린넬이 제안하는 집은 이러한 업계의 고정관념부터 깨나갑니다.

2층으로 지은 집에서 1층은 벽과 기둥, 그리고 방을 없앤 탁 트인 공간입니다. 현관에는 우리나라의 툇마루를 연상케 하는 목재로 만든 공간을 설치하여 사람들은 이곳에 앉아 담소를 나눕니다. 침실과 욕실 같은 사적인 공간은 모두 2층에 있습니다. 린넬은 빛과 바람이 잘 들어오는 집에서 프라이버시를 지키면서 가족과 친구들이 모여서 자주 소통하는 라이프스타일을 제안합니다. 린넬의 편집장은 이렇게 말합니다.

잡지의 세계관을 현실에서 표현할 수 있는 수단이 있다면 잡지는 살아남을 수 있을 뿐만 아니라 독자에게 새로운 기쁨과 즐거움을 전달할 수 있습니다.

잡지사는 왜 집을 팔기 시작했을까?

삶의 모양을
읽어내다

마케팅 전략 수립의 첫 단계는 고객 세분화입니다. 특정 기준으로 고객을 나누고, 그중에서 어떤 그룹을 타깃으로 상품을 개발할지, 어떤 메시지를 전달할지를 설정합니다. 많은 고객 세분화 과정이 연령, 소득, 결혼 여부, 자녀 유무 등을 중심으로 진행됩니다. 왜냐하면, 이러한 인구통계학적 구분이 쉬운 접근 방법이고, 의미 있게 그룹을 나누는 기준으로 적합하기 때문입니다.

린넬의 케이스는 마케터로서 고객을 바라보는 관점 측면에 인사이트를 던집니다. 앞으로 연령이나 소득보다 고객이 어떤 가치관을 가지고, 어떤 라이프스타일을 영위하는지, 그 라이프스타일이 어떤 행동 양식으로 나타나는지 관찰하며 시장을 나누어 보는 것은 어떨지 제안해봅니다. 소득이 증가하면서 획일화된 가치관과 스타일이 아닌 자신만의 개성 있는 라이프스타일을 지향하는 사람들이 늘어날 것입니다. 특정 라이프스타일을 지향하는 사람들을 대상으로 한 상품·서비스 개발은 고객들로부터 큰 지지를 얻을 것입니다.

그러나 특정 라이프스타일을 가진 고객을 발견하고, 관찰하고, 이해하고, 가치관과 행동 패턴을 파악하는 일은 결코 쉽지 않습니다. 이제 마케터는 눈에 보이지 않는 것들을 꿰뚫어 보며, 이를 패턴으로 읽어낼 줄도 알아야 합니다.

삶을 제안하다

2 렉서스는 왜
카페를 열었을까?

도쿄에서 자동차는
사치입니다

도쿄에서는 서울처럼 자동차가 필요하지 않습니다. 도쿄에 거주하는 저도 자동차 없이 살아가고 있습니다. 자동차를 사지 않는 결정적인 이유는 어마어마한 관리비 때문입니다. 한국에서 아파트라 부르는, 도쿄의 맨션에 살면 자가 소유라고 하더라도 최소 월 3만 엔(한화 약 30만 원)의 주차비를 내야 합니다. 시내 주차 요금도 서울보다 비쌉니다.

도쿄는 전 세계에서 가장 복잡한 지하철 노선도로 유명한 도시입니다. 초행인 관광객들은 JR 히가니시혼JR東日本, 도쿄 메트로東京メトロ, 유리카모메 선ゆりかもめ線, 오오에도 선大江戸線 등 수십 개의 회사와 노선에 당황할 것입니다. 하지만 이런 복잡한 노선은 도쿄에 사는 사람에게는 매우 편리합니다. 블록마다 지하철역이 있는 셈이기 때문입니다.

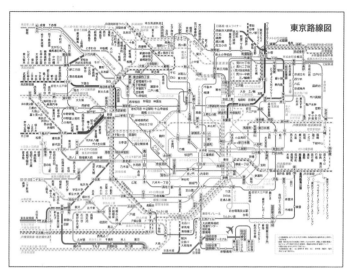

▲ 복잡한 도쿄 지하철 노선도

　그래서인지 제 주변만 봐도 자동차 없이 사는 30대~40대
가 많습니다. 차를 살 돈이 없는 것이 아닙니다. 촘촘한 지하
철 시스템을 고려하면, 도쿄에서 자동차는 비용 대비 효율이
낮습니다. 최근에는 토요타TOYOTA의 긴토Kinto 같은 카 쉐어
링·자동차 정액제, 니코니코 렌터카NICONICO Rent a Car 같은 저
가 렌터카 등 공유 서비스가 널리 인기를 얻으면서 차를 구
매할 이유가 더욱더 없어지고 있습니다.•

　이러한 상황에서 자동차 브랜드들은 효용만으로 일본의

　　　　　　　　　　　　　　　　　렉서스는 왜 카페를 열었을까?

소비자들을 설득하기 힘들어졌습니다. 논리적으로만 따지면 차는 없어도 그만인 물건이기 때문입니다. 새로운 전략이 필요해진 고가의 자동차 브랜드들은 소비자들의 감성을 자극하는 쪽으로 마케팅 전략을 바꿉니다.

최근 토요타의 럭셔리 브랜드 렉서스LEXUS가 브랜드 홍보를 위해 만든 공간인 렉서스 미츠LEXUS MEETS와 라이프제닉 저니LIFEGENIC JOURNEY라는 이름의 마케팅 캠페인은 자동차라는 딱딱한 하드웨어에 어떻게 감성을 입힐 수 있는지를 보여줍니다.

• 일본 전국 신차 판매 대수: 1990년 약 510만 대, 2017년 약 439만 대 (출처: 일본자동차공업회 Japan Automobile Manufacturer's Association)

30년이 지나도
새로운 렉서스

　렉서스 미츠와 라이프제닉 저니를 소개하기 전에 렉서스라는 브랜드의 역사를 이야기하는 것이 이해에 도움이 될 것 같습니다.

　렉서스는 일본 자동차 제조업체인 토요타에서 만든 고급 차 브랜드입니다. 흥미롭게도 렉서스는 자국인 일본이 아닌 미국에서 제품을 처음 출시했습니다. 토요타가 고급 차 시장에 진입하기로한 1980년대 후반 토요타는 일본 브랜드가 아닌 세계에서 통용되는 고급 차 브랜드를 만들고자 했고, 따라서 고급 차 시장의 격전지인 미국 시장에서 승부수를 던지기로 한 것입니다. 당시 토요타를 이끌던 토요타 에이지 豊田英二 회장은 "벤츠나 BMW를 뛰어넘는 세계 최고 차를 만들자. 일본 시장은 무시하라. 돈은 얼마든지 써도 좋으니 벤츠를 경쟁 상대로, 벤츠의 기술을 기준으로 자동차를 개발하라."는 지시를 내렸습니다.

하지만 렉서스가 출시된 1989년 당시 미국 소비자들이 가지고 있던 일본 자동차에 대한 이미지는 '품질 좋은 대중차'였습니다. 고객 대부분이 60세 이상의 자산가였던 미국 고급 차 시장은 미국 자동차와 독일 자동차가 점유하고 있었습니다. 품질에 대한 자신감은 있었지만 오랜 기간 동안 구축된 독일 고급 차의 브랜드 이미지를 새로운 브랜드인 렉서스로는 이기기가 쉽지 않았습니다. 이런 이유로 렉서스는 당시 미국에서 떠오르는 신흥 세력을 주목하기 시작했습니다.

그들은 높은 소득에도 불구하고 과시욕이 덜하고, 기능성을 중시하며 합리적으로 선택하는 젊은 층이었습니다. 주로 반바지 같은 미국 서부의 편안한 옷차림을 선호하는데, 쉽게 생각하면 빌 게이츠Bill Gates나 스티븐 스필버그Steven Spielberg 같은 사람들을 떠올리면 될 것 같습니다. 이러한 고객을 타깃으로 설정하면서 렉서스는 탄생 초기부터 기존 부자들의 행동과는 다른 패턴을 보이는 미국 서부 신흥 부자들의 라이프스타일을 관찰하였습니다.

렉서스가 젊은 층을 타깃으로 내세운 키워드는 장인정

신craftsmanship, 브랜드의 태그 라인tag line은 완벽의 추구pursuit of perfection입니다. 그중 장인정신은 렉서스의 탄생부터 지금까지 변함없이 추구하는 가치입니다. 그렇다면 세상에 첫선을 보인 지 30년이 지난 현재, 렉서스는 렉서스를 타는 사람들의 라이프스타일과 장인정신을 소비자들에게 어떻게 전달하고 있을까요?

렉서스는 왜 카페를 열었을까?

렉서스 미츠
– 의식주를 넘나들다

　　렉서스 미츠는 2018년 3월 도쿄 미드타운 히비야東京ミッド
タウン日比谷 1층에 개장했습니다. 보통 고급 차 전시장은 메르
세데스–벤츠Mercedes-Benz의 메르세데스 미Mercedes me처럼 자동
차를 전시하면서 브랜드 로고를 새긴 굿즈를 팝니다. 하지만
렉서스 미츠는 단순히 굿즈만 팔지 않습니다. 이곳은 렉서스
가 제안하는 라이프스타일을 경험하는 공간입니다.

　　렉서스 미츠는 크게 3개의 공간으로 나누어집니다. 스핀
들The Spindle이라는 카페에서는 유기농 재료로 만든 음식을 먹
을 수 있습니다. 스티어 앤 링Steer and Ring에서는 렉서스가 심
혈을 기울여 고른 생활 잡화를 살 수 있습니다. 터치 앤 드라
이브Touch and Drive에서는 VRvirtual reality, 가상현실 기기를 통해 드라
이빙 체험을 하고, 렉서스 차량을 직접 시승해 볼 수도 있습

▲ 렉서스 미츠 스티어 앤 링 내부

▲ 렉서스 카페, 스핀들 입구

렉서스는 왜 카페를 열었을까?

▲ 꽃을 주제로 연출된 공간

▲ 렉서스가 큐레이션 한 잡화, 나카타 행거, 스와다 손톱깎이 등

니다.

렉서스 차량이 전시된 스티어 앤 링에서도 렉서스는 전면에 드러나지 않습니다. 눈에 잘 띄는 곳에 차를 배치해 놓았지만, 동선은 다른 생활 소품들을 먼저 둘러보게끔 짜여 있습니다. 이곳에 모인 소품들은 일본의 장인들이 만들고, 렉서스가 직접 큐레이션 한 물건입니다. 7천 엔(한화 약 7만 원)을 호가하는 스와다Suwada의 손톱깎이, 1만 엔(한화 약 10만 원)을 훌쩍 넘는 나카타 행거Nakata Hanger의 옷걸이는 장인정신을 중요하게 여기는 렉서스의 고객들을 만족시키기에 충분한 제품입니다. 스티어 앤 링을 둘러보면서 소비자는 자연스럽게 렉서스 또한 장인정신으로 만든 자동차라고 느끼게 됩니다.

렉서스 미츠에서는 물건을 팔뿐만 아니라 경험을 통해 렉서스를 전합니다. 제가 방문했을 때는 봄을 맞이해 일본의 유명 플라워 아티스트와 협업한 작품을 전면에 내세우며 '꽃'을 주제로 공간을 연출했습니다. 입구에서 꽃으로 연출한 작품을 계속 바라보고 있으니 렉서스 직원이 다가와 제안합니다. "꽃을 좋아하시나요? 지금 꽃꽂이 수업이 무료로 진행되고 있는데, 참가하지 않으시겠어요?"

이렇듯 렉서스는 자동차 전시장에서 진행되는 평범한 체

험인 시승뿐만이 아니라 브랜드가 제안하는 라이프스타일을 느낄 수 있는 경험이라면 분야를 가리지 않고 고객에게 제공하고 있습니다.

라이프제닉 저니
– 삶은 여행이다

렉서스 미츠는 40대 남성을 타깃으로 삼는 느낌이 강합니다. 렉서스가 큐레이션 한 생활용품들만 봐도 고소득 전문직 남성이 떠오릅니다.

하지만 소비의 주역은 밀레니얼 세대*로 조금씩 옮겨 가고 있죠. 이에 따라 렉서스는 자동차를 사지 않는 현상이 더욱 두드러지는 일본의 밀레니얼 세대를 타깃으로 한 감각적인 마케팅 캠페인을 선보였습니다. 바로 앞서 언급한 라이프제닉 저니라는 캠페인입니다.

렉서스 인터내셔널의 마케팅 실장 오키노 카즈오沖野和雄는

---

* 2017년 JAMA의 조사에 따르면, 자동차 구매 의사가 있다고 밝힌 독신의 청년층은 12%에 불과했다.

홍보전문지 〈센덴카이기宣伝会議〉 인터뷰에서 다음과 같이 말했습니다.

> 젊은 세대를 대상으로 한 마케팅은 바로 구매로 이어지지 않을지도 모릅니다. 하지만 젊은 세대와 접점을 만들어 참여를 이끌어내는 일은 렉서스라는 브랜드를 떠올릴 때 중요한 요소가 될 것입니다.

라이프제닉Lifegenic은 렉서스가 마케팅 캠페인을 준비하면서 만든 신조어입니다. 사진이 잘 나오는 상태나 사람 등을 의미하는 포토제닉Photogenic이라는 영어 단어의 'genic'에 life를 합성하여 라이프제닉, 즉 '가장 자신다운 상태', '자신답게 빛나는 순간'을 의미하는 단어를 만들었습니다.**

렉서스는 라이프제닉의 주요 테마로 여행에 주목했습니다. 밀레니얼 세대가 추구하는 럭셔리는 고급 술집에서 비싼 샴페인을 따는 것이 아닙니다. 그들은 여행 속에서 본래 자신의 모습 그대로 빛나는 순간을 찾습니다. 라이프제닉 저니는 렉서스가 기획하고, 밀레니얼 세대를 대표하는 3인이 참여한 여행이자 광고입니다.

———————————

** 잡지 린넬이 쿠라시케조세라는 새로운 단어를 만들었듯, 일본인들은 단어를 만드는 감각이 뛰어나고, 단어 만들기를 좋아한다.

▲ 영화감독이자 음악 이벤트 프로듀서 고바시 겐지小橋 賢児, 모델 다카야마 미야코高山都,
콘텐츠 제작 에이전시 대표 쇼타로 쿠시久志 尚太郎가 출연한 라이프제닉 저니 캠페인 영상
(출처: https://www.youtube.com/watch?v=m-okVllvRho)

다른 자동차 브랜드도 여행을 테마로 광고를 만들거나 감각적인 영상을 선보인 적은 있습니다. 그러나 렉서스는 영상을 만드는 것에 그치지 않고 밀레니얼 세대와 소통하는 장도 마련합니다. 라이프제닉 저니에 동행한 세 명을 취재하여 특집 기사를 쓰고, 도쿄 미드타운 히비야에서 오프라인 이벤트를 개최합니다.

렉서스 라이프제닉 테이블LEXUS LIFEGENIC TABLE이라는 이름으로 진행된 이벤트에서는 여행에 참여한 세 명을 비롯해 다양한 직종에 종사하는 밀레니얼 세대가 모여서 자신에게 있어 라이프제닉한 순간은 언제인지, 라이프제닉한 삶을 살아가는 자신만의 팁을 공유하는 등 라이프제닉이라는 테마로 다양한 이야기를 나눕니다. 이벤트에서 렉서스나 자동차에 대한 이야기는 나오지 않습니다. 이들은 자신이 속한 세대에게 라이프제닉이 어떤 의미이고, 그 순간이 언제인지, 그리고 자기답게 살아가는 팁을 공유합니다.

렉서스다운 삶을
제안하다

렉서스는 공간과 이벤트로 라이프스타일을 논하며 기존의 자동차 브랜드보다 다양한 시도를 하고 있습니다. 이러한 시도가 소비자의 긍정적인 반응으로 이어지는 것일까요? 최근 렉서스는 일본 고급 차 시장에서 2위를 기록하며 좋은 실적을 보였습니다. 메르세데스-벤츠와 BMW는 실적이 감소했지만, 렉서스는 2018년 전년 대비 20.8% 증가한 판매량을 달성했습니다.* 미국 고급 차 시장에서도 2018년 시장 점유율 3위를 기록했습니다.**

---

* 일본 전국 렉서스 판매 대수: 2017년 45,605대, 2018년 55,096대(출처: Japan Automobile Dealers Association)
** 2018년 미국 고급 차 시장 점유율 1위 메르세데스-벤츠(15.8%), 2위 BMW(15.6%), 3위 렉서스 (14.9%) (출처: 스태티스타)

저희는 고객에게 풍부한 라이프스타일을 제안하는 브랜드가 되고 싶습니다. 렉서스의 제품을 소비자의 머리에 남게 하는 것이 아니라 렉서스라는 '브랜드'로 소비자들에게 각인되고 싶습니다.

- 렉서스 인터내셔널 마케팅 실장 오키노 카즈오,
〈센덴카이기〉 인터뷰 中

렉서스는 소비자들이 '렉서스'라는 단어를 들었을 때, 자동차 그 이상을 떠올리길 바랍니다. 렉서스 미츠를 경험한 고객은 '렉서스=장인정신'을 떠올릴 것입니다. 라이프제닉 저니 이벤트에 참가한 밀레니얼 세대는 '렉서스=내가 빛나는 순간'을 떠올릴 것입니다. 렉서스의 궁극적인 목표는 소비자들이 '렉서스다운 여행', '렉서스다운 바닷가', '렉서스다운 맛집'을 찾고 공유하는 것입니다.

빠르게 변하는 세상에서 제품의 니즈는 쉽게 사라지지만, 소비자의 라이프스타일은 웬만해선 변하지 않습니다. 이것이 브랜드가 오랫동안 사랑받기 위해 제품을 넘어 라이프스타일로 연결되어야 하는 이유입니다.

렉서스는 왜 카페를 열었을까?

삶을 제안하다

3 까르띠에는 왜 편의점을 열었을까?

내멋대로 사는
명품

"The world's only mass luxury market"
전 세계에서 유일하게 명품이 대중화된 시장

1980~1990년대 일본의 별명입니다. 외신들은 일본 여성 10명 중 9명이 루이뷔통LOUIS VUITTON 가방을 들고 다니는 현상을 보도하며 이러한 별명을 붙였습니다. 미국에 이어 세계에서 가장 큰 럭셔리 시장을 자랑하는 곳이 바로 일본이었습니다.

당시 명품의 주요 소비층은 1946~1951년 사이에 태어난 베이비붐 세대였습니다. 이들은 일본이 높은 경제성장률을 보였던 1970년대와 1980년대에 주역으로 활동했고, 경제적 지위가 올라간 만큼 명품을 통해 자신을 과시하고 싶어 하

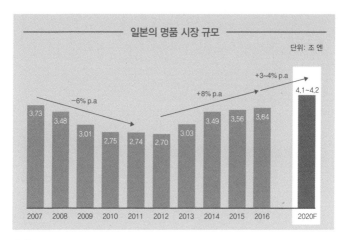

는 소비 성향을 보였습니다. 1970년대 일본인들이 하와이로 몰려가서 명품을 싹쓸이하던 시절이 있었다는 이야기를 무용담처럼 듣기도 합니다.

하지만 일본의 럭셔리 시장은 2000년대 후반부터 감소하기 시작합니다.* 경기 침체로 월급이 제자리걸음을 했고, 비정규직이 늘면서 스스로 부유하다고 느끼는 사람이 줄어들

---

* 일본의 명품 시장 규모는 2007년 3조 7,000억 엔에서 2012년 2조 7,000억 엔으로 감소했다. 최근 경제 회복과 맞물려 2013년부터 명품 소비가 회복세를 보여 2016년 3조 6,000억 엔을 달성했으나, 중국인 관광객에 의한 소비가 상당수를 차지하고 있다.

면서 명품에 쓰는 돈도 줄었습니다. 이제 일본에서는 남에게 보여주기 위해 물건을 사는 젊은이들을 찾아보기 어렵습니다. 베이비붐 세대의 자녀들이 주를 이루는 밀레니얼 세대는 과시형 소비를 이해하지 못합니다.

그렇다고 밀레니얼 세대가 명품을 사지 않는 것은 아닙니다. 명품을 소비하는 이유가 바뀌었을 뿐입니다. 이제 일본의 젊은 사람들은 다른 사람에게 보여주기 위해서가 아니라 '품질이 좋아서', '스타일이 좋아서' 명품을 구매합니다. 이러한 상황에서 명품 브랜드들은 일본 소비자들과의 접점을 늘리고, 새로운 경험을 제공하기 위해 노력하고 있습니다.

변화하는 긴자의
명품 매장

　최근 눈에 띄는 트렌드 중 하나는 세계 각국을 대표하는 메트로폴리탄*에 명품 브랜드들이 카페 혹은 레스토랑을 오픈하는 현상입니다. 버버리BURBERRY와 펜디FENDI는 런던에 카페를, 구찌GUCCI는 상하이에 레스토랑을 열었습니다. 서울에는 에르메스Hermès의 레스토랑과 크리스챤 디올Christian Dior의 카페가 들어섰습니다. 이곳들은 인테리어, 식기, 음식 등 고객과의 접점 곳곳에 로고를 배치해 최대한 브랜드를 노출하고 있습니다.

　도쿄의 긴자銀座에 줄지어 있는 명품 브랜드숍들도 비슷

---

* 　행정구역을 초월해 광역지역에 걸쳐 형성된, 일체화된 도시. 뉴욕 · 런던 · 도쿄 · 서울 등과 같이 도심을 중심으로 밀접한 기능적 관련을 맺고 있는 지역 위에 형성된다. (출처: 행정학사전)

합니다. 제품을 파는 것에 그치지 않고, 브랜드가 직접 카페, 레스토랑, 갤러리, 뷰티 숍 등을 운영하며 '서비스'를 제공합니다.

긴자의 에르메스 매장 2층 안쪽에는 아늑한 느낌의 작은 바가 마련되어 있습니다. 명품 중에서도 고가로 유명해 평소 에르메스 매장을 들어가는 것이 부담스러웠던 저도 긴자에서 시간이 남으면 에르메스의 바에 들어갑니다. 영국 남성복 브랜드 알프레드 던힐Alfred Dunhill 매장 3층의 작은 바에서는 긴자 거리를 바라보며 가볍게 술 한 잔을 할 수 있습니다. 그 옆에서는 남성들을 위한 바버 숍도 설치되어 있습니다. 남성복을 파는 것을 넘어서 헤어 스타일링까지 제안하고 편안하게 휴식을 취할 수 있는 공간을 마련한 것입니다. 불가리Bulgari 또한 도쿄와 오사카에 Il Ristorante라는 이탈리안 레스토랑을 오픈하였고, 아르마니ARMANI는 레스토랑과 바를 운영하고 있습니다.

소비자들은 고가의 가방을 사지 않더라도 명품 브랜드가 운영하는 카페와 레스토랑에서 브랜드를 경험할 수 있으며, 자연스럽게 브랜드에 대한 호감도가 높아집니다.

최근 티파니Tiffany가 도쿄 하라주쿠의 캣스트리트에 오픈한 컨셉 스토어 Tiffany@Cat street도 티파니의 제품을 파는 것을 넘어 티파니의 브랜드를 경험할 수 있는 공간입니다. 색상만으로도 여성들의 가슴을 뛰게 하는 티파니 블루색상으로 꾸며진 컨셉 스토어에 들어서면 가장 먼저 눈에 띄는 것은 티파니의 향수를 살 수 있는 티파니 자판기입니다. 티파니의 보석뿐만 아니라 일반 티파니 숍에서는 쉽게 만날 수 없는 식기, 가방, 지갑 등 다양한 아이템이 소비자들을 맞이합니다. 캣스트리트에 위치한 티파니는 위치한 거리의 이름이기도 한 고양이를 테마로 하고 있어, 매장 곳곳에 디자인해 놓은 고양이 캐릭터를 찾는 즐거움도 있습니다.

3층의 카페에서는 티파니 색상의 컵에 담긴 음료를 마시기 위해 사람들이 기다리고 있습니다. 일본 사람들이 유난히 좋아하는 고양이와 티파니가 만나, 일본 젊은 여성들의 마음을 훔치고 있습니다.

바나 카페만이 아닙니다. 루이비통은 도쿄의 오모테산도表参道 매장 7층에서 ESPACE라는 이름의 갤러리를 무료로 운영하고 있습니다.* 샤넬CHANEL은 레스토랑**과 고급 스파***, 그리고 클래식 콘서트나 예술 작품 전시를 진행하는 넥서스

---

* http://www.espacelouisvuittontokyo.com/
** http://www.beige-tokyo.com/en/
*** https://www.chanel-ginza.com/en/namiki/lesalonbeaute/

◀▲ 도쿄 하라주쿠의 캣스트리트에 오픈한 컨셉 스토어 Tiffany@Cat street

홀Nexus Hall *을 운영하고 있습니다.

　카페와 갤러리에 방문한 고객들은 자연스럽게 명품 브랜드에 노출됩니다. 대부분 카페와 바가 제품을 파는 매장 바로 옆에 있기 때문에 카페나 바에 들어가면서 자연스럽게 브랜드 제품을 둘러보게 됩니다. 고객들은 굳이 제품을 사지 않더라도 브랜드가 제공하는 편안한 공간에서 차를 마시고, 콘서트를 즐기고, 예술 작품을 감상하면서 긍정적인 경험을 합니다. 긍정적인 경험은 브랜드를 향한 호감으로 이어집니다. 명품 브랜드들이 운영하는 공간은 브랜드를 간접 경험하게 하는 일종의 마케팅 장치라 할 수 있습니다.

---

*　https://chanelnexushall.jp/en/

명품 브랜드와
편의점의 만남

　많은 매장이 다양한 시도를 했지만, 까르띠에의 사례는 더욱 특별합니다. 2018년 9월 21일부터 9월 30일까지 한시적으로 도쿄 오모테산도에 편의점을 연 것입니다. 까르띠에와 편의점, 전혀 어울릴 것 같지 않은 둘은 어떻게 만나게 된 걸까요?

　까르띠에 편의점은 까르띠에의 유명 디자인 중 하나인 저스트 앵 끌루JUSTE UN CLOU의 캠페인으로 진행됐습니다. 이 마케팅 캠페인은 2018년 9월 저스트 앵 끌루의 디자인이 리뉴얼되면서 기획됐습니다.

　저스트 앵 끌루는 탄생 시기인 1971년 당시 일상에서 흔하게 사용하던 못에서 착상을 얻은 디자인입니다. 그 점에서 까르띠에는 현대인에게 가장 일상적인 편의점에 주목했습

저스트 앵 끌루©까르띠에

니다. 기획 의도는 심리적 문턱이 높게 느껴지는 까르띠에라는 브랜드를 친숙하게 어필하기 위함이었습니다. 특히, 까르띠에를 고급 브랜드로 느끼는 일본의 젊은이들이 까르띠에를 편하게 경험하길 바랐습니다.

그래서일까요? 까르띠에 편의점은 긴자가 아닌 20대~30대가 주로 모이는 동네인 하라주쿠原宿와 오모테산도 사이의 주택가에 자리를 잡았고, 실제로 편의점 고객의 상당수는 젊은이들이었습니다.

그럼, 까르띠에가 만든 편의점은 무엇을 파는 곳일까요? 우선 도쿄에서도 가장 화제가 되었던 것은 까르띠에가 파는 1만 엔(한화 약 10만 원 상당)짜리 컵라면이었습니다. '1만 엔짜리 컵라면'은 사람들의 궁금증을 불러일으키기에 충분하

▲ 20대~30대가 주로 모이는 동네인 하라주쿠原宿와 오모테산도 사이의 주택가에 자리 잡은 까르띠에 편의점 ©스나오시 타카히사

까르띠에는 왜 편의점을 열었을까?

▲ 까르띠에 편의점에서 판매했던 10만 원짜리 컵라면 ⓒ스나오시 타카히사

▲ 까르띠에 편의점에서만 맛볼 수 있는 각종 상품 ⓒ스나오시 타카히사

였습니다. 저도 대체 어떤 컵라면일지 궁금한 마음을 참을 수 없어 까르띠에에 다녀왔으니까요. 1만 엔짜리 컵라면 안에는 실제로 라면이 들어있지는 않습니다. 컵라면 용기 안에는 라면 대신 회원제로 운영되는 고급 레스토랑 산미サンミ의 디너를 이용할 수 있는 2인 티켓이 들어 있습니다. 산미는 도쿄의 아카사카에 위치한 이탈리안, 프랑스 요리를 조화시킨 퓨전 요리를 제공하는 고급 식당입니다. 산미는 회원 전용 레스토랑으로 연간 회비 12만 엔(한화 약 120만 원)을 지불해야 이용할 수 있으며, 저녁 코스 요리의 가격은 1만 2,500엔(한화 약 12만 5천 원)입니다. 하지만 까르띠에 편의점에서 파는 컵라면을 사면 회원이 아니면 들어갈 수 없는 고급 레스토랑의 저녁 식사를 1인당 5,000엔이라는 저렴한 가격에 즐기는 혜택을 누릴 수 있는 거죠. 비싼 연회비로 인해 일반인들은 쉽게 접할 수 없는 레스토랑의 요리를 소비자들이 특별히 누릴 수 있도록 까르띠에가 기획한 것이었습니다.

컵라면뿐만 아니라 까르띠에 편의점에서는 유명한 셰프와 협업을 하여 만든 상품이 주를 이룹니다. 이곳에서만 맛볼 수 있는 특별 제작 도넛, 케이크, 오니기리 등 상품 하나하나가 유명한 셰프 혹은 장인들과 협업하여 특별히 선보인 제품들입니다.

까르띠에는 왜 편의점을 열었을까?

▲ 레스토랑 에테été의 셰프가 망고를 이용해 장미 모양으로 만든 수제 케이크 ⓒ스나오시 타카히사

▲ 다양한 일용품이 진열되어 있다. ©스나오시 타카히사

　까르띠에가 소개한 망고 케이크는 도쿄에 위치한 프렌치
레스토랑 에테^{été}의 셰프가 망고를 이용해 장미 모양으로 만
든 수제 케이크입니다. 레스토랑 에테는 주소와 전화번호를
일절 공개하지 않고 완전히 소개로만 방문할 수 있고, 하루
에 딱 한 팀만 받아 운영하는 비밀스러운 레스토랑입니다.
이곳에서도 인기 있는 디저트가 망고 케이크인데, 레스토랑
자체에 들어가기가 어렵다 보니 망고 케이크를 구하는 것
은 더욱더 힘든 일입니다. 까르띠에 편의점은 이 케이크를 1
일 20개 한정으로 제공하였습니다. 1만 800엔(한화 약 10만

8,000원)이라는 가격에도 불구하고 감탄을 자아내는 디자인과 쉽게 구할 수 없는 특별함으로 인해 망고 케이크는 금세 팔려나갔습니다.

까르띠에 편의점은 컵라면, 디저트 이외에도 일반 편의점처럼 핸드크림, 비누, 수건 등의 일용품도 판매합니다. 모두 까르띠에가 특별히 엄선한 제품들로 세련된 디자인과 기능성이 뛰어난 제품들입니다.

가게 안쪽의 벽에는 세계적으로 유명한 설치미술가인 레안드로 에를리차Leandro Erlich가 특별히 제작한 작품이 걸려있습니다. 편의점 내 화장실에는 까르띠에의 양초가 놓여있고요.

까르띠에 편의점은 까르띠에가 제안하는 라이프스타일로 가득 차 있었습니다.

여전히 격식 있게,
조금 더 친밀하게

소비자들은 브랜드를 자연스럽게 경험할 수 있는 공간을 통해 브랜드에 친근함을 느끼게 됩니다. 앞으로도 일본에서 젊은 사람들과의 접점을 늘리기 위한 명품 브랜드들의 전략은 계속될 것입니다. 접점을 늘림으로써 소비자들의 브랜드에 대한 친밀감과 호감도를 높일 수 있습니다. 하지만 이것만이 아닙니다.

다양한 기획과 공간을 통해 브랜드들은 언론과 SNS 노출을 노립니다. 까르띠에의 독특한 기획은 신문 기사와 방송으로 일본에 많이 소개됐지만, 특히 인스타그램에서 크게 화제가 되었습니다.

인스타그램의 유행은 일본이나 한국이나 비슷합니다. 인스타그램과 '빛나다'라는 동사를 합쳐서 만든 인스타바에インン

까르띠에는 왜 편의점을 열었을까?

▲ 까르띠에 편의점 내부 모습 ©스나오시 타카히사

スタ映え라는 말이 인스타그램에 사진을 올리는 행위라는 의미로 사용되고 있는데, 2017년 일본판 올해의 단어2017年のユーキャン新語・流行語에 선정될 정도입니다.

까르띠에 편의점의 사진 역시 인스타그램에서 인기를 끌었습니다. 쉽게 접할 수 없는 유명 셰프가 만든 디저트와 10만 원짜리 컵라면 사진을 단 열흘 동안만 찍을 수 있다는 점이 20대~30대 젊은이들을 편의점으로 불러들였습니다.

까르띠에 편의점이 까르띠에에 엄청난 수익을 가져다주지는 못했을 것입니다. 애초에 수익 창출을 목적으로 캠페인을 기획한 것도 아니었을 테고요. 까르띠에는 이 편의점에 'Precious'라는 이름을 붙였습니다. 일상이 특별하게 바뀌는 순간을 제공하겠다는 의미입니다.

편의점 이벤트가 젊은이들에게 특별한 순간을 제공하고 브랜드에 대한 친밀도를 높였다면, 그 자체로 까르띠에의 기획은 성공했다고 할 수 있습니다.

까르띠에는 왜 편의점을 열었을까?

삶을 제안하다

4 화장품 회사는 왜 복합 공간을 열었을까?

화장품은 지금 SNS 집중 공략 중

외면뿐만 아니라 내면까지 가꾸는 복합 공간

온·오프라인 통합은 선택 아닌 필수

화장품은 지금
SNS 집중 공략 중

인터넷과 SNS는 소비자들의 생활뿐만 아니라 기업의 생태계에도 큰 변화를 몰고 왔습니다. '마케팅=자금력'이라는 공식 아래 대기업들이 미디어를 장악하던 과거와는 달리, 이제는 작은 회사나 1인 기업도 SNS를 통해 얼마든지 효과적인 마케팅을 할 수 있습니다. 그리고 SNS와 인터넷에서는 대중을 상대로 기업의 메시지를 일괄적으로 전하는 매스 마케팅mass marketing부터 기업이 원하는 특정 소비자 군에게 최적화된 메시지를 전하는 타깃 마케팅target marketing까지 모두 가능합니다.

일본에도 SNS를 통해 화장품 시장의 경쟁 구도를 바꾼 회사가 있습니다. 바로 2010년에 창업한 후로후쉬フローフシ*입니다. 아이 메이크업 상품이 주력인 총 사원 수 7명의 이

▲ 후로후쉬 인스타그램

작은 회사는 현재 일본 드러그스토어 아이 메이크업 시장을 약 20% 점유하고 있으며, 조만간 매출 100억 엔(한화 약 1,000억 원)을 달성할 전망입니다.**

후로후쉬는 대기업처럼 TV나 잡지 같은 일반적인 대중 매체에 일절 광고하지 않습니다. 대신 광고 비용을 품질 향

---

*   https://flowfushi.com/

** https://www.nikkei.com/article/DGXMZO42430860T10C19A3TJ1000/ (출처: 닛케이 경제신문)

상에 투자해 좋은 제품을 1,000엔대(한화 약 10,000원대)의 저렴한 가격으로 공급합니다. 광고는 SNS로만 집행되며, 그중에서도 인스타그램 활용도가 가장 높습니다.

후로후쉬의 공식 인스타그램 계정*에서는 자사 제품을 사용해 아이 메이크업을 한 모델들의 사진과 일본의 붓 장인들이 만든 브러시를 강조하는 사진을 통해 제품의 품질을 전합니다. 2019년 초에 개설된 계정의 팔로워 수는 4.3만 명으로, 몇 개월 만에 유명 화장품 대기업들의 팔로워 수를 뒤쫓고 있습니다.**

일본의 화장품 대기업들도 인터넷과 SNS를 활용한 마케팅에 힘을 쏟고 있습니다. 시세이도SHISEIDO가 2018년 출시한 브랜드 포스메POSME는 철저히 여고생을 타깃으로 삼았으며, 제품 개발 단계부터 오픈 이노베이션 형식으로 여고생을 참여시켰습니다. 10대 여학생 150명과 함께 브랜드 콘셉트와 디자인을 개발하였고, 제작 과정을 모두 인스타그램과 트위터에 공개해 발매 전부터 화제를 모았습니다. 포스메가 만든 '플레이 컬러 칩Play Color Chip'이라는 제품은 입술, 볼, 눈, 눈

---

* https://www.instagram.com/uzu_byflowfushi/.
** 카오KAO의 메이크업 브랜드 케이트KATE는 7.4만 명, 시세이도의 메이크업 브랜드 인테그레이트 INTEGRATE는 4.5만 명의 인스타그램 팔로워를 보유하고 있다.

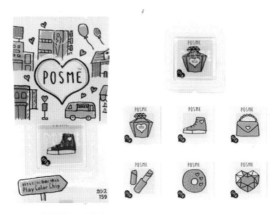

▲ 포스메 화장품 ⓒ시세이도

썹 등 다양한 부위에 사용할 수 있도록 개발되었고, 칩 형태로 만들어져 있어 필름을 벗기고 원하는 부위에 손으로 바를 수 있도록 편리하게 만들어졌습니다.

제품 발매 후 인스타그램, 트위터, 라인LINE 등의 SNS를 통해 마케팅을 진행하여 여고생들 사이에서 포스메라는 브랜드를 확산시켰습니다. 선물로 주고받을 수 있는 작고 귀여운 패키지, 제품 하나로 다양한 메이크업을 할 수 있는 편리성, SNS 마케팅을 포스메 브랜드가 인기를 얻은 요인으로 꼽을 수 있습니다.

또한, 시세이도는 최근 온라인상에서의 소비자 행동을 분

화장품 회사는 왜 복합 공간을 열었을까?

석하고 타깃 고객의 취향을 상세하게 파악하여 이메일이나 모바일 메신저를 통해 맞춤형 커뮤니케이션 전략을 수립하고 실행하는 등 온라인 마케팅에 힘을 쏟고 있습니다. 여배우를 통한 TV 광고로 인지도를 높여가는 과거의 마케팅 방식으로는 더 이상 성장하기 어렵다는 인식 때문입니다.

하지만 화장품 회사들이 온라인 마케팅에만 몰두하고 있는 것은 아닙니다. 온라인에서는 전달할 수 없는 경험을 전달하기 위해 오프라인 공간 설계에도 많은 공을 들이고 있습니다.

외면뿐만 아니라
내면까지 가꾸는 복합 공간

최근 몇 년간 일본 화장품 브랜드들은 카페나 레스토랑과 같은 공간을 활용한 마케팅을 선보이고 있습니다. 이는 겉으로 보이는 모습에만 집중하지 않고 내면의 아름다움까지 제안하는 브랜드로 거듭나기 위한 전략입니다.

일본의 화장품 회사 쓰리THREE는 도쿄 아오야마와 히비야에 리바이브 키친 쓰리REVIVE KITCHEN THREE라는 레스토랑을 열어, 건강한 재료로 만든 음식을 제공하고 있습니다. 아오야마 플래그십 스토어에서는 식사를 제공할 뿐만 아니라 요리, 일러스트, 수공예 등 다양한 분야의 워크숍을 개최하고 있습니다. 정기적으로 요가나 꽃꽂이 교실을 열고 또 스파를 병설해 '마음과 몸과 피부는 일체'라는 브랜드의 컨셉을 현실에서 구현하고 있습니다.

바디 용품을 판매하는 사봉SABON은 벚꽃 시즌을 맞이해 기간 한정으로 로즈 티 카페Rose Tea Café를 운영하였습니다. 도쿄에서도 벚꽃으로 유명한 동네인 나카메구로에서 유명한 홍차 브랜드인 TEAPOND와 협업하여 애프터눈티 세트를 제공하였습니다. 완전 예약제로 진행하고 핸드 트리트먼트 서비스도 제공하는 등 소비자들은 여유로운 공간에서 편안하

▲ 사봉이 벚꽃 시즌을 맞이해 기간 한정으로 문을 연 로즈 티 카페 안내

게 쉬어갈 수 있습니다. 방문 인원 제한, 엄선된 품질의 차와 스낵 등 곳곳에서 소비자들이 사봉이라는 브랜드를 충분히 음미하고 돌아갈 수 있도록 한 기획이 엿보였습니다.

오프라인 마케팅을 활용한 브랜드에는 시세이도도 있습니다. 소비자에게 경험을 전달하겠다는 마케팅 전략이 가장 잘 드러나는 오프라인 공간은 아마 시세이도일 것입니다. 시세이도는 소비자들에게 화장품을 파는 데 그치지 않고 뷰티 라이프스타일을 제안합니다. 도쿄 긴자에 있는 뷰티 복합 공간 시세이도 더 테이블SHISEIDO THE TABLE은 '본래의 아름다움을 찾는다'는 컨셉 아래 FOOD음식, GOODS상품, BOOKS책, EVENTS행사까지 4개의 테마 공간으로 구성되어 있습니다.

FOOD에서는 불교 요리에서 모티브를 얻어 요리한 채식을 먹을 수 있고, GOODS에서는 시세이도의 전 제품을 사용해볼 수 있으며, BOOKS에서는 시세이도가 선정한 뷰티, 패션, 건강 관련 책을 읽을 수 있습니다. EVENTS에서는 전문가를 초빙해 뷰티 리딩 살롱Beauty Reading Salon이라는 독서 모임을 개최하는 등 외면뿐만 아니라 내면을 가꾸는 경험을 제공합니다.

시세이도 더 테이블 옆에는 붉은색의 전통이 느껴지는 시세이도 파라SHISEIDO PARLOUR라는 이름의 10층짜리 붉은색 건물

화장품 회사는 왜 복합 공간을 열었을까?

▲ 시세이도가 만든 케이크와 쿠키

이 있습니다. '식食'을 테마로 한 건물의 1층에서는 시세이도가 만든 케이크나 비스킷 등을 판매하고, 그 위층에서는 카페, 레스토랑, 갤러리 등을 운영하고 있습니다.

시세이도는 타깃 그룹에 따라 시세이도 더 테이블과 시세이도 파라의 공간을 다르게 구성했습니다. 시세이도의 모든 제품을 시험해 볼 수 있는 시세이도 더 테이블의 1, 2층은 외국인 관광객으로 붐빕니다. FOOD, BOOKS, EVENTS 공간에서는 일본의 20~30대 여성들을 많이 볼 수 있는 반면, 시세이도 파라에서는 40대 이상의 일본 여성들을 많이 볼 수 있습니다. 시세이도 더 테이블이 감각적인 이미지를 풍기는 공간이라면, 시세이도 파라는 전통이 느껴지는 공간입니다.

이에 그치지 않고 시세이도는 새로운 시도를 합니다. 2019년 4월, 도쿄의 위성 도시인 요코하마에 에스 파크 S PARK *라는 이름의 기술혁신 센터를 오픈했는데, 연구소 중 일부를 일반인들에게 개방한 것입니다.

연구소 하면 우리는 흔히 흰 가운을 입은 연구자들이 각자의 연구실에 틀어박혀 있는 이미지를 떠올립니다. 하지만

---

* https://spark.shiseido.co.jp/

시세이도는 '아름다워지는 연구소'라는 컨셉 아래 소비자들과 소통하는 열린 연구소를 열었습니다.

에스 파크의 1, 2층에는 카페가 있고, 그 옆의 뷰티 바에서는 피부 관련 카운슬링을 제공합니다. 연구원은 고객의 피부에 딱 맞는 맞춤형 화장품을 제작합니다. 그리고 스튜디오에서는 다양한 운동 프로그램을 진행합니다. 시세이도가 에스 파크를 오픈한 가장 큰 목적은 소비자들에게 뷰티 관련 체험을 제공하는 것이지만, 이 과정에서 연구 개발자들이 소비자들의 니즈를 직접 파악하고 데이터를 축적하려는 의도도 있습니다.

에스 파크의 여러 공간 중에서도 제가 가장 재미있게 시간을 보낸 장소는 시세이도의 역사를 알려주는 박물관이었습니다. 에스 파크 2층에 있는 박물관은 일방적으로 정보를 전달하는 곳이 아닙니다. 시세이도가 만들어 놓은 다양한 장치들을 소비자가 직접 만져 볼 수 있고, 터치패널을 통해 커뮤니케이션도 가능한 체험형 박물관입니다.

에스 파크의 박물관 내에 설치된 터치패널을 눌러보고 차트를 돌려보는 등 게임을 하는 것과 같은 기분으로 있다 보니 시간이 금세 흘러갑니다. 재미뿐만 아닙니다. 체험을 통해 화장품의 원리에 대해 자연스럽게 더 잘 알게 되었습니

▲ 에스 파크 내 카페 전경

▲ 시세이도의 에스 파크 박물관 입구

화장품 회사는 왜 복합 공간을 열었을까?

▲ 소비자들에게 뷰티 관련 체험을 제공하는 에스 파크 박물관 내부

다. 박물관에서 보낸 시간을 통해 자연스럽게 시세이도 브랜드에 대한 신뢰감과 호감도가 높아졌음은 물론입니다.

시세이도의 CEO 우오타니 마사히코魚谷雅彦는 기업 역사상 처음으로 외부에서 영입된 CEO입니다. 일본의 소비재 기업에서 오랜 경험을 쌓은 그는 코카콜라 재팬Coca-Cola Japan 재직 당시 수많은 히트 상품을 탄생시킨 장본인으로, 항상 소비자와의 소통을 중시하고 소비자 관점의 마케팅을 지향합니다. 온라인과 오프라인을 아우르면서 소비자에게 최적의 경험을 제공하려는 그의 전략 때문일까요. 10년 넘게 6,000~7,000억 엔에서 정체되어 있던 시세이도의 매출은 우오타니 마사히코가 CEO로 취임한 다음 해인 2015년 7,630억 엔에서 2018년 1조 948억 엔으로 빠르게 증가했습니다.

.

화장품 회사는 왜 복합 공간을 열었을까?

온·오프라인 통합은
선택 아닌 필수

한때 우리는 온라인 시대에 오프라인은 몰락할 거라고 예견했습니다. 그러나 이제 오프라인은 그 예상을 뒤엎고 온라인에서 얻을 수 없는 경험을 집중적으로 제공하는 공간으로 변모하고 있습니다. 타깃 고객에게 맞춤형 메시지를 보내거나 브랜드와 제품의 인지도를 이른 시일 안에 확산시키기에는 온라인만 한 도구가 없습니다. 하지만 온라인에서는 제품을 직접 체험해 볼 수 없습니다. 브랜드 충성도를 높이기도 힘듭니다. 오프라인은 이러한 온라인의 단점을 훌륭히 보완합니다. 특히 오프라인에서는 오감을 자극하는 마케팅이 가능합니다. 음식을 통해, 체험형 공간을 통해, 소비자들은 브랜드를 몸으로 느낄 수 있습니다.

앞으로 기업들은 온라인과 오프라인을 아우르는 통합적

인 관점으로 마케팅 전략을 구상해야 할 것입니다. 이제는 온라인으로 브랜드를 알리고, 고객에게 필요한 정보를 정확하게 타기팅^{Targeting}해서 전달하는 한편, 오프라인 복합 공간을 통해 브랜드에 대한 소비자들의 이해도와 충성도를 높이는 전략이 함께 진행되어야 합니다.

삶을 제안하다

5 의류 브랜드들은 왜 호텔을 오픈할까?

생활용품이 된 패션

365일 진행되는 협업

의류에서 주거까지, 호텔에서 주택까지

일상을 깊게 파고드는 브랜드

생활용품이 된
패션

최근 한국의 의류 업계가 정체 상태입니다.[*] 그나마 유니
클로^{UNIQLO}, 자라^{ZARA}, H&M 같은 SPA 브랜드[**]가 업계 전체
매출의 상당 부분을 이끌고, 다른 업체들은 부진한 실적으로
고심하고 있습니다.

일본의 의류 업계도 고전을 면치 못하고 있습니다. 1990
년에 15조 엔을 넘었던 시장 규모가 10조 엔 이하로 축소되
었습니다.[***] 이유는 다양합니다. 한국과 마찬가지로 SPA브
랜드가 다수 진입해 소비자들은 저렴하면서도 디자인이 좋

---

[*]   성장 멈춘 패션 시장! 2019년 1.7% 성장한 43조 1,006억 원 전망(패션엔, 2018.7.26)
[**] 'Specialty store retailer of Private label Apparel Brand'의 약자로, 기획부터 생산, 유통까지
      직접 맡아 저렴한 가격으로 제품을 공급하는 브랜드를 일컫는다. 최신 유행 상품이 빠르게 회전
      하는 것이 특징이다.
[***] 2016년 기준, 일본 의류 업계의 시장 규모는 9.2조 엔이었다. (출처: 야노경제연구소)

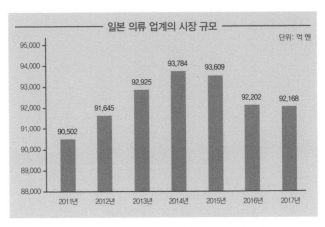

일본 의류 업계의 시장 규모

단위: 억 엔

10조 엔 이하로 축소된 일본 의류 업계의 시장 규모 (출처: 야노경제연구소)

은 옷을 쉽게 구할 수 있게 됐습니다. 메루카리メルカリ를 비롯해 인터넷을 통한 중고품 유통 시장이 확대되면서 중고 의류에 대한 저항감도 줄어들었습니다.

이에 따라 젊은 층을 중심으로 의류 소비 총액이 감소하고 있습니다. 2004년부터 2013년까지 10년간 젊은 일본 여성의 소비 내역을 살펴보면, 스커트에 소비한 금액은 1만 2,000엔에서 6,000엔으로 감소했습니다. 셔츠에 소비한 금액 또한 3만 8,000엔에서 2만 3,000엔으로 떨어졌습니다.*

왜 이러한 현상이 발생했을까요? 주된 원인은 소비자의

가치관이 변했기 때문입니다. 장기간 불황을 경험한 일본의 소비자들은 자신이 정말 사용하고 싶을 때만 제한된 돈을 쓰고, 이외의 지출은 최대한 억제하는 경향이 강해지고 있습니다. 옷을 살 때도 필요에 따라 저렴하게 구입해, 금세 입고 버리는 소비 패턴을 보입니다. 의류 업계의 주된 고객인 여성들에게 이제 옷은 패션이 아닌 생활용품입니다.

그렇다면 고급 브랜드와 패스트패션 사이에 끼어버린 일본의 의류 브랜드는 어떤 방법으로 소비자들에게 다가가고 있을까요?

---

* 비교 대상이 된 두 금액은 각각 2004~2008년 사이의 평균값과 2009~2013년 사이의 평균값이다. (출처: 슈칸겐다이週刊現代)

365일 진행되는
협업

일본의 의류 브랜드들은 365일 내내라고 말해도 과언이 아닐 정도로 수많은 이벤트와 협업을 진행합니다. 의류 브랜드끼리만이 아니라 업종을 초월해 타 업계와 협업을 시도하며, 특정 기간에만 만날 수 있는 특별한 디자인의 제품을 끊임없이 소비자들에게 선보입니다.

2019년 3월, 도라에몽의 새로운 영화 〈극장판 도라에몽: 노비타의 달 표면 탐사기映画ドラえもん のび太の月面探査記〉가 개봉했을 때였습니다. 당시 의류 브랜드 차오패닉 티피CIAOPANIC TYPY는 한정판 도라에몽 티셔츠, 모자, 양말 등 다양한 아이템을 선보였습니다. 차오패닉 티피는 남녀 의류, 키즈 패션, 리빙 잡화까지 판매하는 브랜드입니다. 즉, 가족 구성원 모두가 브랜드의 타깃 고객이기 때문에, 세대를 불문하고 일본인들

의류 브랜드들은 왜 호텔을 오픈할까?

▲▶ 차오패닉 티피 매장의 도라에몽 캐릭터를 이용한 상품들

의류 브랜드들은 왜 호텔을 오픈할까?

에게 사랑받는 도라에몽 캐릭터와의 협업은 자연스럽습니다. 차오패닉 티피는 커다란 도라에몽 캐릭터와 트레이드마크인 '어디로든 문'을 설치하여 가족 방문객들이 사진을 찍고 자연스럽게 매장 안을 둘러볼 수 있도록 유도합니다.

협업을 통해 차오패닉 티피 브랜드는 소비자들의 매장 방문을 유도하고, 한정 판매 아이템을 통해 매출을 올리는 효과를 누립니다.

의류 브랜드들의 협업은 상품 제작을 넘어 이벤트와 경험으로 확장되고 있습니다.

한국 사람들 사이에서도 꽤 많이 알려진 일본을 대표하는 라이프스타일 브랜드 빔즈BEAMS의 기획과 마케팅은 항상 신선한 자극을 줍니다. 빔즈는 패션을 넘어 음반을 판매하고 라디오 프로그램도 운영하는 등 다양한 분야에서 도쿄의 문화와 라이프스타일에 영향력을 발휘하고 있는 브랜드입니다. 빔즈가 다른 일본의 다른 라이프스타일 브랜드들과 차별화되는 또 하나의 특징은 빔즈는 일본 문화에 집중하고 있다는 점입니다. 신주쿠에 위치한 컨셉 스토어 빔즈 재팬BEAMS JAPAN에서는 일본 문화를 테마로 하여 빔즈가 큐레이션한 다양한 제품, 브랜드, 소품, 아트 등을 만날 수 있습니다.

일본 문화를 컨셉으로 한 빔즈의 협업은 상품을 제안하는

▲ 도쿄 내 공중목욕탕과 협업한 빔즈의 목욕탕 릴레이 이벤트 (출처: 빔즈 홈페이지)

차원에서 끝나지 않습니다. 이벤트와 경험을 통해서도 일본 문화를 응원하고 있습니다.

빔즈는 일본의 목욕 문화를 응원하는 차원에서 다양한 이벤트를 진행했습니다. 그중 하나가 도쿄 내 공중목욕탕과 협업한 '목욕탕銭湯, 센토우 릴레이 이벤트'였습니다.

의류 브랜드들은 왜 호텔을 오픈할까?

일본은 목욕 문화가 발달한 나라입니다. 대부분의 일본인은 취침 전, 욕조에 들어가 몸을 담그는 습관이 있습니다. 지금처럼 욕조가 많이 보급되지 않았던 시절에는 동네의 대중목욕탕에 다니는 사람이 많았지만, 요즘은 일반 가정에 대부분 욕조가 설치되어 있어 그 수가 많이 줄었습니다. 빔즈는 사라져 가는 일본의 대중목욕탕 문화를 지키기 위한 차원에서 이벤트를 기획하였습니다.

이벤트에 참가한 소비자들은 대중목욕탕에 방문할 때마다 스탬프를 받고, 스탬프가 모이면 빔즈가 제작한 한정판 티셔츠를 받을 수 있는 추첨의 참여 자격을 얻습니다. 빔즈는 목욕을 테마로 한 잡지를 제작하고, 목욕탕 전문가를 초빙해 토크쇼도 진행하였습니다. 비누 회사와 협업해 제작한 비누, 목욕탕에서 사용할 숄더백 등 한정 상품도 판매하였습니다.

이처럼 정해진 기간에만 살 수 있고, 수량이 한정된 특별한 디자인의 제품에 소비자들은 지갑을 엽니다. 희소성을 내세워 구매 심리를 자극하는 마케팅은 매출을 올릴 뿐만 아니라, 고객들이 SNS에 제품을 자발적으로 공유하기 때문에 브랜드 홍보에도 효과적입니다. 소비자가 이벤트에 참여하는 횟수가 늘어날수록, 브랜드 충성도 역시 함께 높아집니다.

의류에서 주거까지,
호텔에서 주택까지

일본의 많은 의류 브랜드가 생활 잡화, 인테리어 소품, 가구 등을 판매하고 심지어 식품도 큐레이션 합니다. 의식주의 영역을 넘나들며 라이프스타일을 제안하는 것입니다. 최근에는 한발 더 나아가 '주住'를 강조하며 영역을 넓히는 브랜드도 등장하고 있습니다.

2019년 4월, 도쿄 긴자에 문을 연 무인양품의 무지 호텔 MUJI HOTEL은 한국에서도 화제였습니다. 이곳에서는 객실 내부가 전부 자사 제품으로 꾸며져 있는, 24시간 동안 브랜드를 경험하며 '무인양품스럽게' 살아볼 수 있습니다. 무인양품뿐만이 아닙니다. 의류, 인테리어 등 다른 브랜드도 호텔을 오픈하거나 주택까지 제안하는 트렌드를 보이고 있습니다.

20~30대 일본 여성을 대상으로 다수의 의류 브랜드를 운

▲ 긴자의 무인양품 호텔

영하는 스트라이프 인터내셔널STRIPE INTERNATIONAL INC.의 브랜드
중 하나인 코에KOE는 시부야에 호텔을 오픈했습니다. 'Stay,
fashion, music&food for new culture'라는 모토 아래 문
을 연 호텔 코에 도쿄Hotel Koe Tokyo*입니다. 이 호텔에서는 1층

---

* http://hotelkoe.com/

▲ 호텔 코에 도쿄의 레스토랑과 판매 중인 각종 잡화

의류 브랜드들은 왜 호텔을 오픈할까?

레스토랑에서 식사하고, 2층 점포에서 의류나 잡화를 구입하고, 3층 객실에서 숙박을 할 수 있습니다. 주말에는 다양한 음악 이벤트가 개최됩니다.

스트라이프 인터내셔널의 이시카와 야수하라石川康晴 사장은 포브스 재팬Forbes JAPAN과의 인터뷰에서 이렇게 말합니다.

> "여태까지 어패럴 점포는 '옷을 파는 장소'였습니다. 하지만 앞으로 소매업은 물건을 파는 장소뿐만 아니라 '엔터테인먼트를 도입한 판매 장소'가 되어야 한다고 생각합니다. 고객과 깊은 인게이지먼트engagement를 만들어 가는 곳, 그것에 도전하는 첫걸음이 호텔 코에 도쿄입니다."

호텔은 고객이 일정 기간 머물면서 브랜드를 체험하는 수단입니다. 하지만 소비자가 단기간 머무는 것으로는 충분하지 않다고 생각했는지, 삶의 터전인 주택을 제안하는 브랜드도 있습니다.

WTW는 미국 서부 스타일, 좀 더 구체적으로 말하면 서해안에서 서핑을 즐기는 사람들이 타깃인 브랜드입니다. WTW 매장에는 바다와 서핑을 즐기는 사람들을 위한 옷, 생활잡화, 가구로 가득합니다. 서핑은 못 하지만 해양 액티비티를 좋아하는 저도 WTW 매장에 가면 사고 싶은 것이 너무 많

▲ WTW 매장에 진열된 소품들

의류 브랜드들은 왜 호텔을 오픈할까?

아서 곤란할 정도인데요. 마치 무인양품에 가면 갑자기 집을 전부 무인양품 스타일로 꾸미고 싶어지는 충동이 일듯, 저는 WTW 매장에 가면 집안의 소품부터 가구까지 모두 캘리포니아 해변 스타일로 바꾸고 싶어집니다. 해변에서 휴가를 즐기는 기분으로 일상을 보낼 수 있을 것만 같기 때문입니다.

이런 제 마음을 읽은 것일까요? WTW는 의류, 소품을 넘어 주택*까지 제안합니다.

집을 만들자는 아이디어는 'WTW가 제안하는 라이프스타일을 소비자들이 마음껏 즐기게 하려면 어떻게 하면 좋을까?'라는 생각에 출발했습니다.

WTW는 주택 리노베이션 회사 리스무RE住む와 협업해 브랜드가 제안하는 라이프스타일을 그대로 재현한 주택을 선보입니다. WTW의 주택은 큰 창문으로 햇살이 들어와 개방감이 넘치고, 나무를 많이 사용해 따뜻한 느낌이 나도록 설계됐습니다. 서프 보드나 자전거를 놓을 수 있는 넓은 공간은 야외 활동을 즐기는 사람들의 니즈에 맞는 수납 환경을 제공합니다.

---

* https://www.wtwstyle.com/shop/pages/wtwhouse_item.aspx?lc=mainbanner.
https://wtwhouseproject.com/?lc=wtwhouse_item

WTW는 WTW 하우스 프로젝트^{WTW HOUSE PROJECT}의 컨셉을 이렇게 소개합니다.

> "Waiting for the wave… 파도를 기다리는 순간, 이 시간은 서퍼들에게 매우 행복한 시간입니다. 다음에는 어떤 파도와 만날 수 있을까, 어떤 라이드를 즐길 수 있을까.
> 자연과 내가 하나가 되는 감각. WTW 하우스 프로젝트가 제안하는 디자인 주택은 그러한 사치스러운 시간과 감각을 일상 속에서 느낄 수 있습니다."

▲ WTW 하우스 프로젝트 모델하우스(출처: WTW 홈페이지)

의류 브랜드들은 왜 호텔을 오픈할까?

일상을 깊게 파고드는
브랜드

앞으로 소매업은 고객 참여를 높이고, 고객과 깊은 관계를 맺는 장소로 변화해야 합니다. 고객과 깊은 관계를 맺는다는 것은 무엇을 의미할까요?

단순히 고객이 매장을 방문해 필요한 물건을 사고 떠나는 것이 아니라 고객이 브랜드의 철학을 이해하고, 브랜드에 정서적 애착을 느낄 수 있어야 할 것입니다.

브랜드의 입장에서는 물건을 판매하는 것만으로는 고객을 깊게 만날 수 없습니다. 고객이 브랜드를 충분히 이해하고 정서적 애착을 느끼기 위해서는 경험이라는 장치가 필요합니다. 일본의 많은 의류 브랜드들이 이벤트를 통해, 호텔을 통해, 더 나아가 궁극적으로 주택을 통해 고객들의 시간을 점유하고자 하는 이유는 고객들이 자신들이 브랜드를 경험하길 바라고, 브랜드와 친숙해지길 바라고, 궁극적으로 고객들과 깊은 관계를 맺고 싶기 때문입니다.

만약 WTW가 제안하는 스타일을 좋아하는 제가 WTW가 설계한 주택에서 살며, WTW가 제안한 가구로 집을 채우고, WTW에서 산 의류를 입는다면, 그것이야말로 WTW가 생각하는 이상적인 모습일 겁니다. 이러한 측면에서 브랜드가 라이프스타일을 제안하는 것은 고객과 깊은 관계를 맺고 고객에게 유대감을 줄 수 있는 좋은 방법입니다.

삶의 변화를 읽다

6 편의점은 왜 피트니스 센터를 열었을까?

늘어나는 점포, 늙어가는 고객
더 자주에서 더 오래 전략으로
연령 변화에 따른 새로운 전략
고객의 변화에서 기회를 찾다

늘어나는 점포,
늙어가는 고객

한국의 오프라인 유통은 1인·2인 가구 증가의 영향을 받고 있습니다. 편의점은 나날이 성장하는 반면, 대형 마트와 백화점은 성장률이 저조합니다.

1969년부터 약 50년의 편의점 역사를 가진 일본은 어떨까요? 일본 또한 2009년부터 편의점의 매출이 대형 마트와 백화점을 추월하면서 오프라인 유통 채널의 주역으로 떠올랐습니다. 하지만 최근, 일본 편의점 업계에 비상등이 켜졌습니다.

첫 번째 위험 신호는 매출과 고객 수의 감소입니다. 편의점 시장이 10년 이상 꾸준히 성장하고 있는 것은 사실이나, 이는 새로운 점포 오픈에 따른 결과입니다.* 새 점포를 제외하고 기존 점포만 놓고 봤을 때, 점포당 매출과 고객 수는 점차 감소하고 있습니다.

가장 큰 원인은 드러그스토어의 급성장입니다. 최근 일본의 드러그스토어가 식품 카테고리를 강화하여 편의점보다 낮은 가격으로 우유, 달걀, 맥주 등을 판매하면서 고객들이 옮겨 갔습니다.

두 번째 위험 신호는 편의점이 늙어 간다는 것입니다. 초고령 국가로 유명한 일본이다 보니 자연스럽게 편의점을 방문하는 고객의 고령화도 진행되고 있습니다.** 편의점 이용객 중 60세 이상의 비율은 2011년 11%에서 2017년 19%로 급격하게 성장했지만, 20~30대의 비율은 같은 기간 23%에서 14%까지 내려갔습니다.

편의점 업계도 고객의 고령화가 이처럼 빠른 속도로 진행된다는 점에 놀랐습니다. 인구 구조에 따른 변화는 어느 정도 예견된 현상이지만, 젊은이들의 편의점 방문율 저하는 예측하지 못했던 트렌드입니다. 성장 없는 20년을 살아온 일본의 청년층은 가격에 매우 민감해졌고, 따라서 편의점보다 더 저렴한 온라인 마켓이나 다이소daiso 같은 100엔 숍을 점

---

* 편의점 업계 전체 매출: 2008년 8조 670억 엔 ➜ 2017년 11조 250억 엔,
  편의점 점포 수: 2008년 44,391개 ➜ 2017년 57,956개 (출처: Japan Franchise Association)
** 2017년 10월 기준, 65세 이상 인구는 전체 27.7%에 달하는 3,515만 명이다.

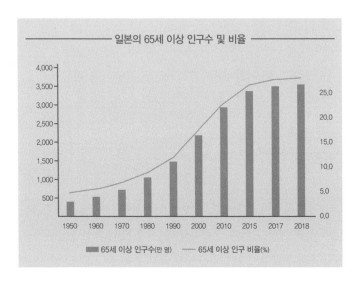

4,000
3,500
3,000
2,500
2,000
1,500
1,000
500

25,0
20,0
15,0
10,0
5,0
0,0

1950 1960 1970 1980 1990 2000 2010 2015 2017 2018

■ 65세 이상 인구수(만 명) ── 65세 이상 인구 비율(%)

점 더 선호하고 있습니다.

이러한 두 가지 문제를 안고 있는 일본의 편의점 업계는 고객을 매장에 더 오래 머물게 함으로써 매출 증가를 꾀하고, 변화하는 인구 구조에 대응하는 다양한 시도를 진행하고 있습니다.

더 자주에서
더 오래 전략으로

　이전에도 편의점은 종종 어려움에 직면했습니다. 소매 점포 법이 개정되면서 대형 마트가 늘어났을 때, 규제가 완화되며 드러그스토어가 증가했을 때 등 유통 환경의 변화로 인해 위기에 처한 적이 있습니다. 그때마다 일본의 편의점 업계는 소비자에게 부가 가치나 편리성을 제공함으로써 이를 극복했습니다.

　택배나 ATM은 물론 공공요금 납부, 주민표 발급과 같은 행정 서비스 대행까지 현재 일본 사회의 인프라 역할을 하는 다양한 서비스가 이러한 위기 속에서 탄생했습니다. 열거한 서비스들은 소비자들이 편의점에 더 자주 방문하도록 유도하는 방법입니다.

　그런데 이제 편의점의 전략은 '더 자주'에서 '더 오래'로 바뀌고 있습니다.

물건 판매 외에 다른 기능을 덧붙여서, 매장을 '고객들이 시간을 보내는 공간'으로 만드는 것입니다. 편의점에 잠시 들르는 고객보다 편의점에 머물며 시간을 보내는 고객이 더 많은 소비를 할 것이기 때문입니다.

대표적인 예는 일본 편의점 업계 3위인 훼미리마트ファミリーマート입니다. 훼미리마트는 점포 2층에 피트 앤 고Fit & Go라는 이름의 피트니스 센터를 개설하기 시작했습니다. 월 7,900엔(한화 약 79,000원)으로 365일 24시간 이용할 수 있는데, 상주하는 트레이너 대신 운동 기구 사용법을 배울 수 있는 전용 앱을 통해 가격을 낮췄습니다.

하루 평균 90여 명이 피트니스 센터를 이용하고, 이 중 50여 명은 편의점에서 물건을 구매합니다. 유통뉴스最新ニュース에 따르면, 훼미리마트의 피트 앤 고는 예상보다 2배 이상 빠른 속도로 회원을 늘리고 있습니다.

피트니스 센터만이 아닙니다. 최근 일본에서는 코인 세탁소가 인기입니다.* 이러한 트렌드를 포착한 훼미리마트는

---

* 　코인 세탁소의 수는 1996년 1만 228개에서 2017년 2만 개로 21년 사이에 약 2배 증가했다. 특히, 2015년부터 2017년까지 2년 사이에 2,000개나 늘어났다.

편의점 바로 옆에 훼미리마트 론드리Famima Laundry라는 코인 세탁소를 설치해 좋은 반응을 끌어냈습니다. 하루 평균 세탁소 이용자가 약 50명인데, 이 중 약 60%가 편의점을 이용합니다.*

2019년 2월, 훼미리마트는 일본 최초로 피트니스 센터와 코인 세탁소를 모두 설치한 편의점을 선보였습니다. 편의점 내부에는 세탁이 끝날 때까지 기다릴 수 있는 좌석을 설치하고 있으며 세탁 관련 제품, 건강식품 등을 매장 내부에 갖춰 두어 세탁소 혹은 피트니스 센터를 이용하는 고객들이 관련 제품을 구매할 수 있도록 하고 있습니다. 훼미리마트는 앞으로 피트 앤 고와 훼미리마트 론드리를 적극적으로 확장할 예정입니다.

한편 일본 편의점 체인인 포프라ポプラ는 2019년 3월 후쿠오카의 하카타역 점포博多駅前店에 스탠딩 바를 오픈했습니다. 일본에서도 편의점 내에 바를 연 것은 처음인데요. 최근 일본에서는 퇴근 후 짧은 시간에 한두 잔 가볍게 마시는 음주 스타일인 '초이노미ちょい飲み'가 인기를 끌고 있는데요, 이러

---

* 닛케이스타일(NIKKEISTYLE),
  https://style.nikkei.com/article/DGXKZO43519190Z00C19A4HE6A00/

▲ 피트니스 센터와 코인 세탁소를 모두 설치한 훼미리마트

편의점은 왜 피트니스 센터를 열었을까?

한 트렌드를 적극적으로 반영한 것입니다.

피트니스 센터, 코인 세탁소, 스탠딩 바에 이르기까지 다양한 업종을 매장 안으로 끌어들이는 일본 편의점의 목적은 같습니다. 고객이 편의점에 조금이라도 더 오래 머무르게 하는 것입니다. 그 목적을 달성하기 위해 편의점은 소비자들의 생활을 면밀하게 관찰합니다. 코인 세탁소를 이용하는 주부들과 초이노미를 즐기는 직장인들이 늘어나는 것과 같은 변화하는 생활 습관을 포착했듯, 앞으로 편의점이 어떤 라이프 스타일을 새로운 서비스로 탄생시킬지 궁금해집니다.

연령 변화에 따른
새로운 전략

 일본의 편의점은 앞서 소개한 '더 오래' 전략을 펼치면서도 고객의 연령대 변화에 맞춰 새로운 시도를 꾀하고 있습니다. 이는 크게 두 방향으로 나뉘는데, 편의점으로부터 떠나는 젊은이들을 붙잡기 위한 전략과 점점 늘어나는 50대 이상 고객을 위한 전략입니다.

 편의점 프랜차이즈 중에서도 훼미리마트는 젊은 층의 방문율을 높이기 위해 열심입니다. 앞서 언급한 '더 오래' 전략의 또 다른 이점은 젊은 소비자들의 방문을 늘릴 수 있다는 것입니다. 피트 앤 고를 방문하는 고객의 60%는 20~30대이고, 훼미리마트 론드리를 방문하는 고객의 80%는 30~40대 주부입니다. 피트 앤 고와 론드리는 고객을 편의점에 더 오래 머무르게 할 뿐만 아니라 젊은 층을 불러들이는 효과도 있는 것입니다.

훼미리마트는 또한 협업을 통해 돈키호테ドンキホーテ 스타일의 편의점을 실험적으로 오픈했습니다. 돈키호테는 일본 젊은이들과 외국인 관광객들에게 인기 있는 할인 잡화점입니다. 훼미리마트는 일용품, 과자 등 돈키호테 측이 제안한 인기 상품으로 매장의 50%를 구성했습니다. 돈키호테 스타일로 꾸민 편의점은 매출, 방문객 수, 객단가 모두 전년 대비 110% 이상 늘었습니다. 특히 젊은 층의 방문율이 증가했으며, 고객이 점포에 머무는 시간도 늘어났습니다.

한편, 세븐일레븐7-Eleven은 고령화를 넘어 초고령화 사회로 진입 중인 일본의 인구통계학적 트렌드를 점포의 상품 구성에 반영하고 있습니다. 최근 세븐일레븐은 구성 면에서 슈퍼마켓과 비슷해지고 있습니다. 즉, 신선 식품의 상품 비중이 늘어난 것인데요, 이는 늘어난 고령의 1인 가구가 편의점을 방문하는 비율이 증가했기 때문입니다. 현재 일본의 60세 이상 고령 가구 중 40%는 독신입니다. 혼자 사는 노인들은 많은 물품이 필요하지 않고, 슈퍼마켓보다는 집과 가까운 편의점에서 필요한 만큼만 사는 소비 패턴을 보입니다.

이에 따라 세븐일레븐은 신선 식품, 야채, 반찬, 과일의 비중을 늘려 노인들의 발걸음을 슈퍼마켓에서 편의점으로 돌

▲ 돈키호테 스타일의 편의점

편의점은 왜 피트니스 센터를 열었을까?

▲ 케어 로손 외관 (출처: 일본 로손 홈페이지)

렸습니다. 일부 점포에서는 도시락 배달 서비스를 진행하는 등 편의점은 이제 노인들의 생활에 없으면 안 되는 인프라로 거듭나고 있습니다.

　일본 편의점의 매출 기준 업계 2위인 로손Lawson 또한 고령화의 트렌드에 맞추어 다양한 형태의 점포를 선보이고 있습니다. 케어 매니저Care manager가 상주하면서 건강 관련 상담 서비스를 제공하는 점포인 '케어 로손ケアローソン'이 대표적인 예입니다. 케어 로손은 내부에 고령자들이 모일 수 있는 살롱 스페이스라 이름 붙인 공간을 설치하여 정기적으로 건강 관련 세미나를 오픈하고 있습니다. 또한 살롱 스페이스에는 지역의 고령자들이 모여 함께 건강 체조를 하기도 하고, 영

양사나 의사를 초청하여 상담회를 열고 있습니다. 물론 케어 로손 내 상품 구성은 간병식, 간병 관련 상품, 고령자들이 자주 찾는 약품 등이 주를 이루고 있습니다. 케어 로손은 철저히 고령자를 타깃으로 한 곳입니다. 현재 케어 로손은 일본 내에 18개가 설치되어 있으며 앞으로도 계속 확장할 계획입니다.

고객의 변화에서
기회를 찾다

일본 편의점을 보면서 고객의 변화를 감지하고, 이에 따라 빠르게 전략을 바꾸고, 새로운 시도를 하는 것이 중요하다는 걸 새삼 느낍니다. 일본의 편의점 업계는 유통 업계에서도 경쟁이 가장 치열한 곳 중 하나입니다. 편의점은 다른 유통 채널과의 경쟁에서 밀리지 않기 위해 소비자들의 변화를 면밀히 관찰합니다. 연령대, 생활 습관, 점포 내 체류 시간 등 소비자의 모든 행동을 전략에 반영하죠. 소비자의 변화에 맞추어 상품 구성을 바꾸고, 점포의 레이아웃을 변경하고, 새로운 컨셉의 점포를 만드는 등의 다양한 시도를 하고 있으며, 소비자들의 반응을 확인합니다.

많은 사람이 저출산 고령화를 위기로 인식합니다. 하지만 거대한 인구통계학적 트렌드를 막을 수는 없습니다. 일본의 편의점들은 오히려 고령화를 비즈니스 찬스로 삼고자 노력 중입니다. 피할 수 없는 커다란 변화를 인정하고 적절한 대응 방법을 찾는다면, 위기를 기회로 만드는 일도 충분히 가능합니다.

삶의 변화를 읽다

7 백화점의 1층 절반이 음식점인 이유?

이리저리 치이는
백화점

　일본의 유통 업계를 이끌던 백화점은 한때 높은 성장률을 자랑했습니다.* 그러나 시대의 변화에 따라 존폐 위기에 처합니다. 도심형 쇼핑몰, 대형 마트, 카테고리 킬러category killer**, 그리고 최근 급성장한 온라인 쇼핑 등 새로운 유통 채널에 밀려 백화점의 방문객과 매출 수치가 감소한 거죠.

　일본의 백화점 업계의 매출은 1991년 이후 지속해서 감소하기 시작하였고, 2018년에는 전성기였던 1990년 매출의 60%에 불과한 5.8조 엔의 매출을 기록했습니다. 지난 10

---

* 　백화점 산업 전체 매출은 1970년 1.8조 엔에서 1990년 9.7조 엔까지 지속적으로 상승했다.
　(출처: Japan Department Store Association)
** 　가전, 의료품 등 특정 분야의 상품만을 취급하며, 다양한 종류의 상품을 저가에 판매하는 소매 업태. 일본의 가전 양판점 빅 카메라Bic Camera, 요도바시 카메라Yodobashi Camera, 가구 업체 니토리ニトリ, 신발 전문점 ABC 마트가 대표적이다.

년간 일본의 백화점 61곳이 폐점하였으며, 특히 지방에 있는 백화점들의 매출이 급격히 감소하면서 문을 닫을 수밖에 없는 상황에 직면하고 있습니다. 일본의 백화점 업계는 인구 100만 명을 사업을 유지하기 위한 최소 인구로 보고 있는데, 저출산 및 고령화에 따라 인구 100만 명을 유지하기 힘든 도시가 속출하고 있기 때문입니다.

백화점의 이미지 또한 전락하고 있습니다. 현재 일본의 젊은 층에게 백화점은 비싸고 부유한 노년층이 쇼핑하는 곳이라는 이미지가 강합니다. 이러한 상황에서 일본 백화점의 새로운 활로 모색은 선택이 아니라 생존을 위한 필수가 되었습니다.

특히 도쿄의 니혼바시日本橋에 나란히 위치한 일본을 대표하는 두 백화점의 새로운 전략은 치열한 경쟁에서 살아남아야 하는 오프라인 유통업체들에 시사점을 던지고 있습니다.

도쿄의 니혼바시는 에도 시대부터 상업의 거점 지역이었습니다. 도쿄와 다른 지방을 연결하는 도로가 니혼바시에 생겨났고, 이에 따라 일본 전국의 물건들이 니혼바시에 모이기 시작했기 때문입니다. 105년의 역사를 자랑하는 일본 최초의 백화점인 미쓰코시三越 백화점의 첫 번째 점포도 바로 이곳에서 오픈했으며, 일본을 대표하는 또 다른 백화점인 다카

백화점의 1층 절반이 음식점인 이유?

시마야高島屋 백화점도 상업의 격전지인 니혼바시에서 경쟁하고 있습니다.

단, 두 백화점은 서로 전혀 다른 방향의 전략을 택하고 있는데요, 이는 최근 변화하는 일본 백화점들이 보이는 두 가지 큰 흐름과 맞닿아 있습니다. 하나는 오프라인 공간의 장점을 최대한 활용해 온라인 쇼핑몰이 제공하지 못하는 고객 서비스를 강화하는 것이며, 또 다른 하나는 기존 백화점은 이렇게 구성되어야 한다는 고정관념을 깨는 '탈脫 백화점 전략'입니다.

최상의 고객 서비스로 차별화

니혼바시의 미쓰코시 백화점은 철저하게 질 높은 고객 서비스에 초점을 맞추고 있습니다. 새로운 고객층을 발굴하기보다는 이미 구매력과 충성도가 높은 시니어 고객들에게 최상의 서비스를 제공하겠다는 전략입니다.

미쓰코시 백화점은 각 층에 영역별 전문 지식을 보유한 컨시어지Concierge* 90명을 상주 시켜 고객의 니즈에 따라 맞춤형 서비스를 제공합니다. 예를 들어, 데이트를 앞둔 30대 남성이 방문하면 컨시어지는 30분간 상담을 진행하며 어울리는 색상과 스타일을 제안합니다.

최상의 서비스를 제공하기 위해 IT 기술도 활용합니다.

---

* 고객의 다양한 요구를 일괄적으로 처리해주는 일종의 가이드

▲ 미쓰코시 본점 니혼바시의 컨시어지 전경

컨시어지의 휴대 단말기를 통해 고객의 구매 이력뿐만 아니라 고객을 유도한 지점과 판매원, 고객의 동선, 최종 구매 장소까지, 구매 프로세스의 데이터를 세세하게 축적합니다. 이렇게 쌓아온 데이터와 컨시어지의 경험과 지식은 다른 백화점에서 경험하지 못하는 최상의 서비스와 상품을 고객에게 제공할 수 있게 합니다.

미쓰코시 백화점의 아사카浅賀 니혼바시 지점장은 새로운 전략을 두고 다음과 같이 말했습니다.

"백화점은 쇼핑 센터, 편집숍, 카테고리 킬러라는 새로운 업태에 고객을 빼앗겨 왔습니다. 게다가 최근 인터넷 쇼핑몰도 빠르게 성장하고 있습니다. 하지만 반대로 생각하면 백화점의 존속 가치는 그로써 더욱 명확해졌습니다. 서비스와 상품을 제안하는 판매원의 안목, 즉 제안하는 힘이야말로 백화점의 강점으로 인식될 것입니다."

백화점은 온라인 쇼핑이나 카테고리 킬러 같은 유통업체와의 경쟁에서 가격이나 편리성으로는 이길 수 없습니다. 그렇다면 가격이 아닌 다른 요소로 차별화를 하는 수밖에 없고, 미쓰코시는 다른 유통 채널에서는 경험할 수 없는 '최고의 서비스'라는 무기로 어려움을 극복하고 있습니다.

백화점이길 거부하는
백화점

니혼바시의 다카시마야 백화점은 경쟁 상대인 미쓰코시 백화점과 전혀 다른 방향인 탈脫 백화점 전략을 취하고 있습니다. 한국과 마찬가지로 일본의 백화점들도 층별 구성, 입점 브랜드, 영업시간 등이 대동소이합니다. 하지만 다카시마야는 업계에서 상식으로 여겨지던 레이아웃이나 영업시간을 과감히 바꾸고 있습니다. 아예 백화점이기를 포기하는 것입니다.

2018년 9월 오픈한 다카시마야 백화점의 신관이 좋은 예시입니다. 이곳의 기획은 쇼핑몰 디벨로퍼 토신 개발의 사업부장 키요세 가즈미清瀬和美가 맡았습니다. 그는 개성 있는 편집숍이 즐비하고 젊은 부부들이 많이 사는 동네 후타고타마가와二子玉川의 대표적인 쇼핑 타운인 라이즈RISE를 기획한 바

있습니다.

우선, 그는 철저한 고객 분석을 진행합니다. 니혼바시는 유수의 금융 기관과 사무실이 밀집한 도쿄역에서 불과 몇 블록 떨어진 지역입니다. 최근 일본의 경기 회복과 맞물려 새로운 빌딩들도 이 지역에 지어지고 있습니다. 사무실에서 일하는 사람들이 더 많아진다는 얘기죠. 키요세 씨는 다카시마야에 다시 활기를 불어넣기 위해서는 니혼바시에서 일하는 직장인들을 주된 타깃으로 설정해야 한다고 생각했습니다. 또한 그는 니혼바시 근처에 편의점 수가 부족해 아침에 출근하는 사람들이 불편을 겪고 있음을 발견합니다. 이에 따라 니혼바시에서 하루 대부분의 시간을 보내는 직장인의 생활을 서포트하기 위해 백화점의 레이아웃과 영업시간을 전면 수정하였습니다. 또한 직장인을 겨냥한 '식음료'에 힘을 쏟으며 기존 백화점의 틀을 깼습니다.

다카시마야 백화점 신관 1층에는 약 20개의 점포가 입점했는데, 그중 절반은 오전 7시 30분부터 오픈하는 식음료 점포입니다. 신관 1층에서 가장 먼저 만날 수 있는 공간에는 도쿄에서 인기를 끌고 있는 '365日'이라는 이름의 빵집이 입점했는데, 개점 전부터 손님들이 줄을 설 정도로 반응이 좋습니다. 이 밖에도 오가닉 주스, 브런치, 야채가 잔뜩 들어

간 샌드위치, 건강에 좋은 죽 등을 파는 곳들이 들어서 있어 '직장인이 출근길에 들르는 곳'이라는 컨셉에 철저히 부합합니다.

신관 1층의 나머지 공간은 특히 여성 직장인을 타깃으로 한 점포들로 채워져 있습니다. 일본 여성들에게 사랑받는 바디용품 전문점 사봉SABON, 화장품 편집숍 코스메틱 키친 Cosmetic Kitchen 등 근처 오피스에서 일하는 여성들이 퇴근길에 가볍게 둘러볼 만한 제품들이 주를 이룹니다.

또한 다카시마야는 고객들이 물건을 사지 않더라도 백화점에 와서 오랜 시간 머물도록 공간을 구성하고 있습니다. 4층에는 요가 스튜디오가 입점했고, 지하 식품 코너에서는 식품을 그 자리에서 먹을 수 있는 잇-인 스페이스EAT-IN SPACE 를 크게 만들어 점심시간에는 주변 직장인들로 북적입니다. 5층에 입점한 스타벅스 또한 상당히 많은 좌석을 마련해 놓아 고객들이 업무를 보거나 편안하게 쉴 수 있게 했습니다.

▲ 다카시마야 백화점의 입구에 입점한 도쿄의 인기 빵집 365日
◀ 다카시마야 1층에 위치한 여성 고객을 타깃으로 한 죽 전문 레스토랑
▼ 다카시마야 1층에 슈퍼마켓도 입점 되어 있으며 슈퍼 내에서 음식을 먹을 수 있는 EAT-IN SPACE를 마련하고 있다.

백화점의 1층 절반이 음식점인 이유?

물건을 팔지 않는
백화점

마루이^{丸井} 백화점 또한 기존의 틀을 깨고 있습니다. '물건을 팔지 않는 점포'라는 컨셉을 전면으로 내세우고 있는데, 물건을 팔지 않는 점포란 의류나 잡화 등과 같은 물건 판매를 주 수익원으로 하는 것이 아니라 서비스가 매출의 중심축이 되는 점포를 의미합니다.

이에 따라 마루이는 최근 물건을 파는 점포보다는 브랜드를 경험해볼 수 있는 공간과 서비스를 제공하는 공간을 늘리고 있습니다.

신주쿠의 마루이 백화점에는 전자펜 메이커인 와코무가 입점해 있으나 이곳에서는 전자펜을 살 수 없습니다. 와코무 점포의 목적은 철저하게 '체험'입니다. 매장에서 직접 만져보고 경험한 전자펜이 마음에 들면 구매는 온라인으로 하는 것입니다.

마루이 유라쿠초점에도 새로운 형태의 신발 매장 두 곳이 눈에 띕니다. 두 곳 모두 기존의 신발 매장처럼 다양한 색상과 사이즈의 재고를 잔뜩 들여다 놓지 않고 있습니다. 소비자가 매장을 방문하는 목적은 3D 측정기를 이용해 자신의 발을 정확하게 측정하거나 3D 프린터를 이용해 정확한 발 모양의 본을 뜨기 위해서입니다.

최근에는 온라인으로 패션 렌털 사업을 진행하는 회사들, 예를 들면 명품 가방을 월 정액제로 빌려주는 샤렐[Sharel]이나 명품 시계를 빌려주는 카리토케[Karitoke] 등을 초대하여 오프라인 행사를 기획하였습니다. 마루이 측에서는 소비자들 사이에서 화제가 되고 있는 서비스를 마루이에서 만나게 함으로써 고객의 방문을 촉진할 수 있고, 온라인 측에서는 평소에는 직접 만날 수 없던 소비자들을 만나고 그들의 목소리를 들을 수 있는 이점이 있습니다.

이 시도들을 자세히 들여다보면 마루이는 고객들의 제품 구매를 촉진하는 것이 아니라 방문을 촉진하는 방향으로 전략을 구상하고 있음을 알 수 있습니다.

이러한 전략은 제품이 아닌 서비스로 공간을 채우는 움직임을 통해서도 확인할 수 있습니다. 대표적인 예가 식음 서

◀▲ 3D 프린터를 이용해 소비자의 방문을 촉진하는 마루이 유라쿠초점의 신발 매장

비스의 강화인데요, 마루이 키타센쥬점은 지하철역과 이어지는 접근성이 가장 좋은 층을 가득 메우던 잡화점을 푸드코드로 바꾸었습니다. 푸드코트의 '모여서 먹고 이야기해요. 마음을 재충전할 수 있는 공간'이라는 슬로건처럼 마루이는 소비자들이 마루이에서 편안하게 시간을 보내기를 바랍니다. 공유 오피스를 유치한 마루이 점포도 같은 맥락에서 이해할 수 있을 것입니다.

마루이는 소비자가 물건을 사지 않아도 좋으니 마루이에 와서 와코무 펜을 만져보고, 온라인으로 가방을 빌리는 서비스가 무엇인지 경험해보고, 식사를 하고, 때론 업무를 보면서 마루이에서 시간을 보내기를 바라는 것입니다.

마루이의 아오이 히로시靑井浩 사장은 이렇게 말합니다.

> "저희는 앞으로도 '팔지 않는 가게'를 지향해 갈 것입니다. 셰어링 서비스나 Product as a Service*로 마루이 점포를 채워나갈 것입니다. 마루이는 물건이 아닌 서비스에서 발생하는 매출의 비중을 2023년까지 30% 이상으로 올릴 계획입니다."

---

* 제품을 판매하는 것이 아니라 '제품을 이용할 수 있는 서비스'로 판매하는 비즈니스 모델.

실제로 마루이 백화점의 매출에서 의류가 차지하던 비중은 53%, 식음료와 같은 서비스가 차지하는 비중은 14%였지만, 최근 의류 매출 비중이 31%로 내려간 반면, 음료 및 서비스의 매출 비중은 29%로 올라가 두 부문에서 발생하는 매출 비중이 거의 비슷한 수준까지 이르렀습니다.

사기 좋은 곳보다
가고 싶은 곳

컴퓨터나 스마트폰에서 버튼 몇 개만 누르면 손쉽게 물건을 살 수 있는 시대입니다. 이러한 상황에서 최근 오프라인 유통의 고민은 깊어져만 갑니다. 이제 백화점은 물건을 사러 가는 곳이 아닙니다. 경험을 위해, 정보를 얻기 위해, 좋은 시간을 보내기 위해 찾아가는 곳이 되어야 합니다.

일본 백화점의 시도를 보면서 오프라인 유통이 나아가야 할 방향에 관해 세 가지 힌트를 발견합니다.

우선, 점포가 위치한 지역의 고객들이 어떤 니즈가 있는지 면밀히 관찰하고 타깃을 좁혀야 할 것입니다. 다카시마야 백화점은 주변 직장인을 타깃으로 설정한 후 철저하게 직장인들이 선호하는 점포들로 공간을 채워 넣자 방문객이 늘어났습니다.

이에 더하여 고정관념에 얽매이지 않고 공간과 시간 구성을 바꾸는 사고의 전환이 필요할 것입니다. 앞으로는 유통을 '판매 장소'가 아닌 '공간'으로 해석하고 접근해야 합니다. 마루이 백화점이 물건을 파는 매장이 아닌 사람들이 모이고, 시간을 보내고, 체험할 수 있는 서비스를 늘리는 것도 매장을 바라보는 관점을 변화시켰기 때문입니다. 오프라인 유통은 '어떻게 하면 물건을 더 팔 수 있을까'가 아니라 '어떻게 하면 사람들이 모일 수 있는 공간을 만들 수 있을까'를 고민해야 할 것입니다.

마지막으로 오프라인은 온라인을 적극적으로 활용하여야 할 것입니다. 미쓰코시 백화점은 고객에게 최상의 서비스를 제공하기 위해 컨시어지의 경험뿐만 아니라 축적한 고객 데이터를 활용합니다. 마루이 또한 온라인 업체들을 자신들의 공간으로 초대하여 온라인과 오프라인이 상생하는 모델을 만들고 있습니다.

공간이 전달하는 편안한 분위기든, 다른 곳에서 만날 수 없는 차별화된 컨셉이든, 소비자들이 한 번이라도 더 백화점을 찾아오게 만든다면 매출은 자연스럽게 올라갈 것입니다.

취향으로 묶다

8 서점들은 왜
다른 것을 팔까?

일본의 서점,
반이 사라지다

원래 오프라인 서점의 가장 큰 역할은 소비자를 위해 다양한 종류의 책을 한곳에 구비하는 것이었습니다. 제품을 공급하고 유통하는 거죠. 그러나 아마존을 비롯한 온라인 서점이 이러한 기능을 대체하면서 오프라인 서점을 위기에 몰아넣었습니다. 이는 전 세계적으로 일어나는 공통된 현상이며, 일본 또한 마찬가지입니다. 일본의 오프라인 서점 수는 약 20년간 절반으로 줄었습니다.* 동시에 전자책 시장은 크게 성장했습니다.**

10년 전까지도 일본인은 지하철에서 책을 보기로 유명했

---

* 일본의 서점 수는 1999년 22,296개에서 2018년 12,026개로 약 10,000개 감소했다.
** 일본의 전자책 시장은 2011년 629억 엔에서 2017년 2,241억 엔으로 3.5배 성장했다.
(출처: 임프레스 종합연구소, 〈2018년 전자책 사업 조사보고서〉, 2018.)

습니다. 하지만 요즘은 지하철에서 책을 보는 사람을 찾아보기 힘듭니다. 달라진 상황에 걸맞게 최근 일본의 서점들은 공급과 유통이 아닌 다른 가치를 제공하는 장소로 변모하고 있습니다.

일본 서점의 차별화 전략은 두 가지 흐름을 보이는데요, '공간을 연출하는 곳'과 '소비자의 취향에 맞는 책을 제안하는 곳'입니다. 맥락 있는 서점, 큐레이션 서점 등이 트렌드로 떠오르는 한국과도 비슷하다고 볼 수 있습니다.

책과 공간을
함께 팔다

특정 테마를 컨셉으로 편안하게 책을 볼 수 있게끔 연출하는 공간이 조금씩 늘어나고 있습니다. 대표적인 테마가 술입니다.

노우 바이 모토^{Know by Moto}는 '책을 사러 왔다가 술 한 잔 마시고, 술 마시러 왔다가 책 한 권 만나는 곳'이라는 컨셉으로 기획됐습니다. 이곳은 일본 술에 대한 해박한 지식을 가진 주인이 손님의 기분에 맞춰 사케를 추천하는 젬 바이 모토^{Gem by Moto}가 츠타야 서점과 협업해 꾸민 공간입니다. 일본 술에 대해 잘 모르는 사람들도 책을 읽으며 부담 없이 사케를 즐길 수 있죠.

B&B^{Book & Beer}는 이름에서도 알 수 있듯 맥주를 마시면서 책을 고를 수 있는 서점입니다. 방문객이 편안한 마음으로

▲ 책이 진열된 노우 바이 모토 매장

서점들은 왜 다른 것을 팔까?

책을 고르고, 책에 관한 이야기를 들을 수 있다는 점이 이 공간의 특징이죠. 그래서 거의 매일 작가나 편집자와의 토크 이벤트가 진행됩니다. 제가 방문했을 때도 작가와의 토크 이벤트에 참가하기 위해 방문한 사람들이 맥주 한 잔을 손에 들고 책들을 둘러보면서 이벤트를 기다리고 있었습니다. 서점이라기보다는 지역 주민이 퇴근길에 들르는 사랑방 같은 느낌이었습니다.

도쿄의 우에노ᵁᴱᴺᴼ라는 동네에는 식물을 테마로 한 서점 루트 북스ᴿᴼᵁᵀᴱ ᴮᴼᴼᴷˢ가 있습니다. 서점 같기도 하고 인테리어 잡화점 같기도 하고 카페 같기도 한 이곳에 앉아 식물에 둘러싸여 햇볕을 쬐다 보면 자연스럽게 책을 읽고 싶어집니다. 오래된 건물을 개조한 낡은 건물의 복고 이미지가 인상적입니다.

루트 북스는 인테리어를 좋아하는 사람들을 타깃으로 한 서점입니다. 책은 동식물, 여행, 라이프스타일, 인문학을 중심으로 큐레이션 되어 있고, 책뿐만 아니라 카페 안에 있는 가구, 인테리어 소품도 마음에 들면 살 수 있습니다. 카페 2층은 공방 같은 느낌이 납니다. 제가 방문했을 때는 토기를 만드는 워크숍이 진행 중이었습니다. 이렇듯 루트 북스에서는 책을 읽고, 커피를 마시고, 그릇을 만들고, 서점 주인으로부터 식물에 관한 설명도 들을 수 있습니다.

▲ 루트 북스 매장

허밍버드 북셸프
- 궁극의 큐레이션

전문가가 소비자의 취향에 맞는 책을 추천해주는 큐레이션 서비스로 차별화를 꾀하는 서점들도 사랑받고 있습니다. 최근 한국의 언론에도 소개가 되었던 두 서점을 잠시 들러볼까요?

도쿄 긴자에 있는 모리오카 서점은 매주 단 한 권의 책만 선별해서 팔고 있습니다. 책을 판다기보다는 선정한 책 한 권과 관련한 콘텐츠들을 전시하는 듯한 느낌이 드는 곳입니다.

도쿄 롯폰기에 2018년 12월 기존의 일반 서점을 개조하여 만든 분키츠^{文喫. 글을 만끽하라는 뜻}라는 서점은 1,500엔의 입장료를 받고 있습니다. 대신 서점 안에 구비된 약 3만 권의 책을 카페처럼 꾸며진 편안한 자리에 앉아서 제약 없이 볼 수 있고 무료 음료가 제공되어 마치 북카페 같습니다. 하지만 분키츠는 자신들을 북카페라 부르지 않고 '책과의 만남을 위한 책방'이라 칭합니다. 이는 분키츠가 자신만의 관점으로 책을 큐레이션 하고 배치해 놓기 때문입니다. 분키츠는 베스트셀러를 다루지 않습니다. 분키츠는 고객들이 새로운 책과 만나기를 바라는 곳입니다. 그래서 분키츠의 책 배치는 유동적으로 변해 고객들이 올 때마다 새로운 책을 만날 수 있도록 제안합니다.

최근 제가 가장 인상 깊게 본 서점은 2018년 9월, 니혼바시日本橋의 다카시마야 백화점 신관에 있는 허밍버드 북셸프 HummingBird Bookshelf입니다. 서점인지, 책꽂이를 파는 가구점인지 얼핏 봐서는 헷갈리는 이곳에서는 책뿐만 아니라 책꽂이를 포함한 책과 관련된 다양한 소품을 팔고 있습니다.

허밍버드 북셸프를 만든 회사는 원래 서점을 경영했습니다. 그러던 중 '평상시에 책을 전혀 읽지 않는 사람들에게 책을 팔고 싶다'는 발상을 했고, 그 생각이 이곳의 시작이 되었습니다. 허밍버드 북셸프의 기획자는 어렸을 때 놀러 갔던 친구 집에 책꽂이가 없다는 사실에 자신이 매우 놀랐던 기억을 떠올리며 이곳의 컨셉을 구상했다고 합니다.

허밍버드 북셸프는 자신들의 철학을 이렇게 표현합니다.

신발장과 옷장이 없는 집은 없지요. 책을 좋아하는 저로서는 상상이 안 가는 일이지만, 책장이 없는 집은 있는 것 같습니다. 신발장이 꽉 차면 신발을 더 안 사고, 옷장이 넘치면 옷을 더 사지 않는 것처럼 책을 놓을 공간이 없다면 당연히 책을 사지 않을 것입니다.

하지만 책이 있는 방을 싫어하는 사람이 있을까요? 책이란 읽는 시간보다 읽히기 위해 기다리는 시간이 더 깁니다. 그 시간에 책은 벽지보다도 강하고, 인테리어보다 조용하게 공간을 채워주고 있습니다. 무엇보다 책이 있는 풍경이 참 좋습니다. 이러한 이유로 저는 책꽂이 전문점을 만들기로 했습니다. 삶에 책이 있는 풍경을 만들고 싶습니다.

허밍버드 북셸프는 사람들이 집에 책을 놓을 수 있도록 책꽂이를 팔기로 합니다. 책을 놓을 공간을 먼저 마련해 주는 것입니다. 그래서 이곳에서 파는 책꽂이는 우리가 흔히 생각하는 큰 책장이 아닙니다. 약 4~5권의 책이 들어갈 만한 사이즈가 기본 단위입니다. 고객들은 이를 조합하여 자신만의 책장을 만들 수 있습니다.

허밍버드 북셸프는 화장실, 주방, 거실 등 집안 곳곳에 그들이 제작한 책꽂이가 놓이기를 희망합니다. 화장실에는 코믹 잡지나 읽기 쉬운 에세이, 주방에는 레시피 북, 거실에는 사진집처럼 커다란 책, 침실에는 인문서나 실용서를 놓아둘 수 있습니다. 이처럼 허밍버드 북셸프는 필요할 때 손만 뻗

▲ 판매 중인 책꽂이(출처:허밍버드 북셀프 홈페이지)

▲ 허밍버드 북셀프 매장 내부

서점들은 왜 다른 것을 팔까?

으면 언제나 책을 볼 수 있는 생활을 제안합니다.

재미있는 점은 허밍버드 북셸프가 자체적으로 큐레이션한 4~5권의 책을 책꽂이에 꽂아 함께 팔고 있다는 것입니다. 큐레이션의 테마도 다양합니다. '처음 접하는 영미권 혹은 유럽권 문학', '고양이와 놀기', '여성 에세이', '다양한 시점으로 바라보는 도쿄' 등의 테마에 맞는 책을 제안합니다. 이렇게 제안된 책들은 단권으로 판매되지 않고, 책꽂이만 살 수도 없습니다. 고객은 책꽂이와 큐레이션 된 책 4권 혹은 5권을 한꺼번에 사야만 합니다.

4~5권의 책만 큐레이션 하는 것은 아닙니다. 책꽂이와 약 30권 정도의 책, 그리고 인테리어 소품을 세트로 팔기도 합니다. 이중에서는 '보여주기 위한 책꽂이'도 있습니다. 허밍버드 북셸프는 '보여주기 위한 책꽂이'의 기획 의도를 다음과 같이 설명합니다.

손님이 방문했을 때 조금 허영을 부리고 싶다. 이런 생각 모두 하고 계시죠?
하지만 그렇게 허영만 부리고 있을 수는 없어요. 손님이 없는 시간이 손님이 있는 시간보다 압도적으로 많으니까요. 정말로 허영을 부려야 할 상대는 자신일지도 몰라요. 높은 의식과 의지를 갖고, 자신을 위해 만든 책장이 결과적으로 이따금 방문하는 게스트로부터 호

▲ 북셀프의 보여주기 위한 여성용 책꽂이

▲ 30권 이상으로 큐레이션 된 북셀프의 책꽂이

▲ 4권 혹은 5권으로 구성된 허밍버드 북셀프의 책꽂이

서점들은 왜 다른 것을 팔까?

평을 받으면 그것 역시 좋겠죠. 그런 멋진 책만 엄선했습니다!

자신의 의식을 높이기 위해, 손님에게도 나의 수준을 자랑할 수 있는 30여 권의 책을 큐레이터가 엄선해 판매합니다.

'보여주기 위한 책꽂이'는 여성 버전과 남성 버전으로 나뉘며, 물론 각 버전은 서로 다른 책으로 채워집니다. 어울리는 소품도 함께 제안하죠. 이 외에도 '머리가 좋아지는 책', '디자인적 사고를 확장해줄 책' 등과 같은 주제로 큐레이션된 20~30권의 책이 책꽂이에 꽂힌 채로 함께 판매됩니다.*

허밍버드 북셸프는 책을 가까이하고 싶으나 어떤 책을 읽어야 할지 몰라서 고민하는 사람들을 도와줍니다. 하루에도 수백 권의 책이 발간되는 요즘, 자신이 원하는 테마에 맞추어 선별된 책을 만나고 싶은 사람들은 허밍버드 북셸프에서 멋진 책들을 만날 수 있습니다. 이 흥미로운 기획의 밑바탕에는 오랜 기간 서점을 경영하면서 쌓은 안목에 대한 자신감이 있습니다.

---

* 고객들은 20~30권으로 구성된 책꽂이에 한해 책꽂이, 책 세트, 인테리어 소품을 따로 살 수도 있다. 단, 책 세트는 단권이 아닌 오로지 20~30권 묶음으로만 살 수 있다.

섬세한 제안의 힘

공간을 연출하는 서점이든, 큐레이션 서점이든, 핵심은 '취향에 맞게 제안하는 힘'입니다. 이 힘은 취향이 비슷한 사람들을 불러들이고, 서점에 머물게 합니다.

제안의 힘은 매출을 올리는 원동력이기도 합니다. 노우 바이 모토에서 사케를 한잔하다가 취향에 맞는 책을 발견한 사람은 술을 다 마시고 책을 한 권 사 들고 집에 가겠지요. 루트 북스에 방문한 사람은 책뿐만 아니라 화분까지 함께 들고 매장을 나설 확률이 높을 것입니다. 그리고 허밍버드 북셸프에서 제안하는 책들이 마음에든 사람은 아마 30여 권의 책을 세트로 사겠죠. 책꽂이와 인테리어 소품도 함께 살 수 있고요.

책 한 권 가격에 해당하는 1,500엔을 단지 서점에 들어가기 위해 지불하는 것도 소비자들이 분키츠가 제안하는 공간과 제안의 힘에 그럴만한 가치가 있다고 여기기 때문일 것입니다. 분키츠가 문을 연 지 약 일 년이 지난 지금, 고객 10명 중 3~4명은 나갈 때 책을 사 간다고 합니다. 고객당 매출액은 약 3,000엔으로 일반 서점의 2배 정도입니다.

아무리 사소한 것도 자신의 취향에 따라 선택하기를 원하는 시대입니다. 앞으로 소비자들은 자신의 취향에 맞게 선별해주는 공간과 서비스에 더 쉽게 지갑을 열 것입니다.

취향으로 묶다

9 호텔들은 왜
컨셉에 집착할까?

민박과 경쟁해야 하는
호텔의 선택

요즘 일본을 찾는 외국인 관광객이 많습니다. 2018년에는 그 수가 3,000만 명을 넘었습니다. 군이 통계를 찾아보지 않더라도 도쿄의 시부야, 신주쿠, 긴자 등에서 마주치는 외국인 수가 5년 전과 비교해 부쩍 늘어남을 느낄 수 있습니다. 정부는 일본을 관광 대국으로 만들겠다는 목표 아래 비자 완화 등 다양한 정책으로 더 많은 외국인 관광객을 불러들이고 있습니다.

늘어나는 외국인 관광객과 2020년 개최 예정인 도쿄 올림픽으로 인해 일본은 요즘 호텔이 부족한 상태입니다. 이를 대비하기 위해 일본은 새로운 호텔을 속속 짓고 있습니다. 기존 호텔 업계뿐만 아니라 다른 업종에서도 호텔 건설 및 운영에 참여하면서 '호텔 개업 열풍'이라는 말이 나올 정도입니다.

한편, 정부는 부족한 호텔 문제를 해결하기 위해 2018년부터 합법적인 민박 운영을 허용했습니다. 차별화된 서비스를 제공하는 고급 브랜드 호텔, 저렴한 가격을 무기로 젊은층을 끌어들이는 저가형 호텔, 일본의 가정집을 경험할 수 있는 민박까지 선택지가 다양해진 것입니다. 경쟁이 치열해진 일본 숙박 업계에서 소비자들의 선택을 받기 위해 일본의 호텔들은 다양한 컨셉 개발에 열중하고 있습니다.

호텔들은 왜 컨셉에 집착할까?

문화가 곧
컨셉이다

일본 여행을 다녀온 사람이라면 대부분 '료칸旅館'이라는 단어를 들어봤을 것입니다. 여관을 의미하는 료칸에서는 온천과 전통식 일본 식사, 특유의 오모테나시おもてなし, 진심으로 손님을 접대한다는 뜻의 일본어 서비스로 일본 문화를 체험할 수 있습니다. '컨셉 있는 호텔'의 원조라고 할 수 있죠. 최근 들어서는 료칸처럼 일본 문화를 오감으로 경험할 수 있는 호텔이 외국인 관광객들로부터 관심을 받고 있습니다.

우선, 일본의 차茶 문화를 컨셉으로 하는 호텔이 있습니다. 대표적인 예가 호텔 1899 도쿄ホテル1899 東京입니다. 이 호텔의 컨셉은 '마시는 것 이상으로 차를 우려낼 수 있는 곳'입니다. 다실의 툇마루를 모티브로 삼은 일부 객실에는 차 문화를 본격적으로 즐길 수 있는 다도 기구가 갖춰져 있습니다.

▲ 호텔 1899 도쿄 내부 (출처: 호텔1899 도쿄 홈페이지)

식사는 차를 이용한 요리를 선보이며, 프런트 데스크 근처에는 차 관련 도서가 비치되어 있어 차에 대한 지식을 쌓을 수 있습니다. 일본의 차 문화에 관심 있는 외국인들은 이곳에서 다양한 방식으로 차 문화를 체험할 수 있습니다.

나라奈良에 있는 니포니아 호텔 나라 나라마치NIPPONIA HOTEL 奈良ならまち의 컨셉은 쌀로 빚은 일본 술, 사케입니다. 150년 이상의 역사를 가진 주조장을 개조한 이 호텔은 원래 사케의 원조라고 할 수 있는 '토요사와豊澤 사케'를 만들던 곳입니다. 기존 건물 형태를 최대한 보존하며 개보수해 투숙객들은 일본에서 가장 오래된 주조장 중 하나를 체험할 수 있습

호텔들은 왜 컨셉에 집착할까?

▲ 나라마치 호텔의 모습 (출처: 나라마치 호텔 홈페이지)

니다. 사케와 어울리는 엄선된 요리도 제공되어 미각과 시각으로 일본 술을 즐길 수 있기 때문에 외국인뿐만 아니라 사케에 관심 있는 내국인들도 즐겨 찾는 곳입니다.

호텔들은 왜 컨셉에 집착할까?

취향으로 일상을 공략하다

호텔은 본래 여행 같은 이벤트가 있을 때 머무는 곳입니다. 하지만 특별한 상황이 아니더라도 사람들이 머무르고 싶어 하는 호텔은 새로운 수요를 창출할 수 있습니다. 특히, 소비자들의 라이프스타일에 자연스럽게 스며들 수 있는 곳이라면요.

최근 일본의 호텔들은 '취미'와 '라이프스타일'이라는 코드로 내국인 소비자를 공략합니다. SNS에서 관심사가 비슷한 사람들끼리 정보를 공유할 수 있기에 타깃 그룹을 세밀하게 좁히고, 그에 걸맞은 컨셉으로 고객을 불러들입니다.

도쿄의 헌책방거리 진보초神保町에 있는 망가 아트 호텔 Manga Art Hotel *은 만화 마니아들을 자극합니다. 이 호텔은 잠을 자는 곳이라기보다는 만화를 읽다가 잠시 눈을 붙이는 곳

▲ 만화를 사랑하는 이들을 타깃으로 한 망가 아트 호텔 (출처: 망가 아트 호텔 홈페이지)

호텔들은 왜 컨셉에 집착할까?

에 가깝습니다. 캡슐 호텔처럼 총 35개의 객실에는 작은 침대 하나뿐입니다. 대신 약 5,000권에 달하는 만화가 호텔 벽면을 뒤덮고 있습니다. 무엇을 읽으며 하룻밤을 보내야 할지 모르는 사람들에게 호텔에 상주하는 '만화 소믈리에'가 만화를 추천해 주기도 합니다. 만화를 사랑하는 일본 사람들의 취향을 저격한 호텔인 셈입니다.

열차 마니아가 많은 일본답게, 이들을 타깃으로 한 기차 컨셉의 호텔도 있습니다. 트레인 호스텔 호쿠토세이 Train Hostel 北斗星 ** 는 2015년 운행을 중단한 호쿠토세이 선 열차에서 실제로 사용하던 침대, 조명 등으로 객실을 꾸몄습니다. 당시 인기를 끌던 열차 내 개인 침실을 그대로 재현하여 침대 열차에 아련한 추억이 있는 사람들에게 열차 숙박의 경험을 선사합니다. 열차를 타고 일본을 여행하는 느낌을 원하는 외국인들도 이곳을 방문하고 있습니다.

이외에도 1만 2,000권의 책을 구비하고, 책을 많이 읽는 독서가보다 책을 읽지 않는 사람이 머물다 가기를 권장하는 북 호텔 하코네혼바코 箱根本箱 *** , 사이클링이 취미인 사람들

---

*   https://mangaarthotel.com/index.html
** http://trainhostelhokutosei.com/
*** http://hakonehonbako.com/

을 타깃으로 한 오노미치 U2尾道 U2* 등 사람들의 다양한 기호를 공략하는 호텔들이 속속 등장하고 있습니다.

더 밀레니얼즈The Millennials처럼 라이프스타일을 공략한 호텔도 있습니다.** 밀레니얼 세대가 타깃인 이곳은 코워킹 스페이스와 숙박 시설을 융합했습니다. 호텔은 철저히 혼자만의 시간을 보내는 곳이라는 고정관념을 거부하고, 호텔 공간의 20%를 공용 시설인 워킹 스페이스, 라운지, 주방, 바로 만들어서 고객들이 자연스럽게 이곳에서 많은 시간을 보내도록 설계했습니다. 최근 우리나라에서 일과 삶의 밸런스가 중시되고, 일하는 방식에 다양한 변화가 일어나고 있는 것과 마찬가지로 일본에서도 최근 '일하는 방식 개혁働き方改革'이 한창 진행 중입니다. 이에 따라 밀레니얼 세대를 중심으로 리모트 워크, 재택근무를 하는 사람들이 늘어나고 있는데, 더 밀레니얼즈 호텔은 이들의 라이프스타일을 공략한 호텔입니다.

더 밀레니얼즈의 야마자키 츠요시山崎剛 사장은 패션스냅Fashionsnap과의 인터뷰에서 호텔의 컨셉에 관해 이렇게 말합니다.

---

* https://www.onomichi-u2.com/
** https://the-millennials-kyoto-jp.book.direct/ja-jp

▲ 라이프스타일을 공략한 더 밀레니얼즈 호텔 (출처: 더 밀레니얼즈 호텔 홈페이지)

"세상은 요즘 워크 라이프 밸런스를 말하지만, 꼭 둘을 분리할 필요는 없다고 생각합니다. 밀레니얼 세대에게 '워크'와 '라이프'는 동시에 존재합니다. 삶 안에 일이 있고, 일 안에 삶이 있기 때문입니다. 삶과 일의 두 공간을 혼합함으로써 생산성을 높일 수 있지 않을까요?"

더 밀레니얼즈 호텔은 단순히 잠을 자는 곳이 아니라 일하고, 즐기고, 다른 사람들과 교류하면서 편안하게 쉬는 밀레니얼 세대의 라이프스타일을 구현하고 있습니다.

소셜 플랫폼으로
진화하는 호텔

취미와 라이프스타일뿐만 아니라 호텔들이 새롭게 시도하는 컨셉은 '커뮤니티, 교류'입니다. 투숙객들 간의 교류뿐만 아니라 지역 주민과 투숙객들이 교류할 수 있도록 공간과 이벤트를 설계하여 지역 커뮤니티 역할을 하는 호텔들입니다.

호텔 쉬, 오사카HOTEL SHE, OSAKA는 '게스트 간의 커뮤니케이션이 활발히 이루어지고, 지역과 문화를 전달하는 소셜 호텔'이라는 컨셉으로 만들어졌습니다.

"호텔은 신기한 상자라고 생각합니다. 전 세계에서 온 다양한 배경의 사람들이 모이는 곳입니다. 하지만 지금까지의 호텔은 이러한 다양성을 쪼개서 산산조각 내버렸습니다.

▲ 투숙객은 물론 지역 주민과 활발히 교류할 수 있도록 한 소셜 호텔 쉬, 오사카
  (출처: 호텔 쉬, 오사카 홈페이지)

우리는 이 다양성을 하나의 공간에 넣어보고자 합니다. 여행지에서
+α의 새로운 만남과 정보와 가치관을 얻을 수 있는 호텔을 만들어
보이고 싶습니다."

라운지에는 투숙객끼리 쉽게 어울릴 수 있도록 L자형 소
파를 놓았고, 영화를 상영하거나 사진이나 예술 작품을 전시

호텔들은 왜 컨셉에 집착할까?

▲ 지역 커뮤니티와의 교류를 컨셉으로 하는 트렁크 호텔 (출처: 트렁크 호텔 홈페이지)

하여 자연스러운 교류가 이루어지도록 합니다. 또한 오사카를 거점으로 활동하는 음악 밴드들을 초청하고 음악 행사를 열어 투숙객뿐만 아니라 지역 주민이 교류할 수 있는 장을 만들고 있습니다.

도쿄 시부야의 트렁크 호텔 또한 지역 커뮤니티와의 교류, 소셜라이징socializing을 컨셉으로 하는 호텔입니다. 트렁크 호텔의 입구는 투숙객이 아닌 사람들도 편하게 들어올 수 있도록 개방된 느낌으로 설계되었으며, 실제로 1층의 트렁크 바에서는 호텔에 묵지 않는 사람들이 편하게 일을 하고 있습니다. 트렁크 호텔도 호텔 쉬와 마찬가지로 예술가들을 초청하여 이벤트를 개최하는 등 투숙객과 지역 사람들이 어울리는 기회를 만듭니다.

호텔들은 왜 컨셉에 집착할까?

색다른 경험이 안기는
정신적 가치

색다른 경험을 제공하는 서비스는 부가 가치를 창출합니다. 외국인 관광객은 일본 문화를 체험할 수 있는 료칸이나 컨셉 있는 호텔에 더 많은 돈을 지불하고 하룻밤을 보냅니다. 일반 호텔이 줄 수 없는 경험을 얻기 위해서죠. 일본 사람들도 자신의 취향과 취미를 저격한 호텔이라면 집을 떠나 머물고 싶어 합니다. 공급 과잉 시대를 살아가는 우리는 물질보다 경험에서 얻는 만족감이 더 크고 오래감을 알기 때문입니다. 새로운 사람들과의 만남에서 얻는 자극 또한 일상에서는 맛보기 힘든 색다른 경험일 것입니다.

사람들이 일부러 찾아와 머물고 싶어 하는 곳을 만들기 위해서는 탄탄한 컨셉이 중요합니다. 그 컨셉을 만들기 위해서는 요즘 고객들이 어떠한 라이프스타일을 지향하는지, 어떤 활동에 시간을 할애하는지 혹은 어떤 취미를 즐기고 있는지 등을 관찰하고, 컨셉에 맞는 경험을 충분히 제공할 수 있도록 공간을 설계해야 할 것입니다.

취향으로 묶다

10 이발소는 왜 술을 팔까?

할인 쿠폰은
답이 아니다

일본에 살면서 미용실 방문 횟수가 확 줄었습니다. 대신 한국에 갈 때마다 머리를 합니다. 일본에서는 머리카락 기장을 살짝 다듬는 데에도 약 5천 엔(한화 약 5만 원)이 들기 때문입니다.

일본인들은 서비스나 기술을 제공하는 사람에게 합당한 가격을 지불함으로써 서비스 제공자를 존중하려는 문화가 있습니다. 그래서 일본에서는 서비스에 대한 가격이 전반적으로 높습니다. 미용실의 가격이 비싼 것도 미용을 배운 사람의 기술에 보상한다는 의미에서입니다.

그러나 고령화가 심화되면서 일본의 미용실 산업 또한 정체되기 시작했습니다. 인구 고령화로 인해 청년층이 점점 감소하는 반면, 미용실은 계속 늘어나고 있기 때문입니다.*

▲ 미용 잡지 속 쿠폰들

2019년 6월 현재, 일본 내 편의점은 약 5만 7천 개인 반면 미용실은 약 24만 7,000개로 미용실이 편의점보다 4배 많은 수를 보입니다. 즉, 현재 일본의 미용실은 공급 과잉인 셈이죠.

자연스럽게 미용 업계는 가격 경쟁을 시작했습니다. 리쿠르트Recruit라는 회사가 발행하는 잡지 〈핫 페퍼 뷰티Hot Pepper

---

• 일본 미용실 수, 1989년: 약 18만 5,000개, 2017년: 24만 7,600개 (출처: 일본 총무부 통계국 (総務部 統計局))

이발소는 왜 술을 팔까?

Beauty〉에는 여러 미용실에서 발급한 쿠폰이 즐비합니다. 쿠폰으로 낮아진 가격은 고객을 불러 모을 수 있지만, 문제는 싼 가격에 끌려 한 번 방문하고 마는 고객들이 대부분이라 재방문율이 낮다는 것입니다. 미용실로서는 새로운 리피터 repeater, 즉 단골을 만들 수 없기에 안정적인 수익을 기대하기가 힘듭니다.

이러한 상황에서 일본의 미용실은 단골을 확보하기 위해 그리고 안정적인 수익을 창출하기 위해 다양한 시도를 하고 있습니다.

한 손에는 가위,
한 손에는 프라이팬

2018년 2월에 시작한 미용실 정액제 서비스인 메종^{mezon,} ^{メゾン}＊은 최근 일본 여성들로부터 호평을 받고 있습니다. 도쿄를 중심으로 전국의 미용실 약 300개와 연계하여 월 1만 6천 엔(한화 약 16만 원)에 무제한으로 샴푸 및 드라이 서비스를 이용할 수 있습니다.

머리를 자르거나 염색을 하는 것과 같은 본격적인 헤어 서비스에 대한 니즈가 없더라도 언제든지 편안하게 미용실에 자주 방문하도록 유도하는 것입니다. 경쟁 심화로 인해 새로운 고객을 발굴하는 것이 매우 힘든 상황에서 고객을 미용사와 한 번이라도 더 만나게 함으로써 단골을 만드는

＊ https://mezon.jocy.jp/

것이 목적입니다.

　다수의 미용실 체인점을 운영하는 브란세^{BRANCHE, ブランシェ}는 최근 재미있는 행보를 보입니다. '프라이팬 미용사^{フライパン美容師}'라는 컨셉으로 이탈리안 레스토랑 톤 갈리아노^{Ton Galliano}를 오픈하였습니다. 레스토랑을 운영하는 사람은 다름 아닌 자사가 운영하는 미용실에서 일하는 미용사입니다.

　브란세는 이탈리안 레스토랑을 운영하는 목적을 다음과 같이 설명합니다.

> "저희가 30년간 운영해온 미용실과 레스토랑의 뿌리는 같다고 생각합니다. 효율이나 회전율만을 생각하는 것이 아니라, 한 번 방문한 고객을 팬으로 만드는 일이 가장 중요하지 않을까요. 팬이 된 손님들로부터 선택받는 음식점이 되는 일은 팬이 된 손님이 같은 미용실을 계속 찾는 것과 같습니다. 미용사는 레스토랑 운영에 필요한 고객 서비스 정신, 기술에 대한 집착, 공간 연출, 후배를 양성하는 능력 등을 이미 가지고 있습니다."

　브란세는 고객에 주목했습니다. 이탈리안 레스토랑을 찾는 고객의 대부분은 여성들로 미용실의 고객과 일치합니다. 이탈리안 레스토랑을 방문한 고객들에게 미용실을 소개하고, 미용실을 방문한 고객을 이탈리안 레스토랑으로 유도하고 있습니다.

정액제 서비스를 통해 고객의 방문 빈도를 높이거나, 전혀 다른 산업인 레스토랑으로 사업을 확장하는 움직임 모두 같은 고민에서 출발하였습니다. 어떻게 하면 새로운 고객을 확보하고 고객을 단골로 만들 수 있을까 하는 고민입니다.

이발소는 왜 술을 팔까?

취향과 관심사가 만든
커뮤니티

도쿄 시모키타자와下北沢에는 맥주를 마실 수 있는 미용실 티럭T:Luck*이 있습니다. 한국과 마찬가지로 일본에서도 주류를 팔기 위해서는 허가를 받아야 하는데요. 티럭은 주류 판매 허가를 받고, 세계 각국의 병맥주를 갖춰놓았습니다. 손님들은 헤어 서비스를 받으면서 맥주 한 잔 마시고, 서비스가 끝난 후에도 맥주와 함께 미용실 주인 혹은 다른 손님과 이야기꽃을 피웁니다.

저 역시 티럭을 방문했을 때 사장인 토시伊藤와 이야기를 나눌 수 있었는데요. 그때 들었던 토시의 사업 철학이 인상적이었습니다.

---

* http://tluck.jp/

▲ Life is fun, T:Luck 매장

"저는 이곳을 제가 좋아하는 것들로 꾸며 놓았어요. 보통 미용실에 가면 패션 잡지가 있죠. 여기는 패션 잡지가 단 한 권도 없어요. 대신 제가 좋아하는 여행이나 동물 관련 책을 놓고, 또 제가 좋아하는 맥주를 가져다 놓은 겁니다. 그러다 보니 자연스럽게 저와 취향이 비슷한 손님들이 모이게 되었어요."

맥주가 다가 아닙니다. 티럭은 영어 회화, 메이크업 강좌, 폴 댄스 강좌 등 다양한 이벤트를 개최하는 등 단순한 미용실을 넘어 지역 커뮤니티 역할을 합니다. 토시는 〈요미우리신문読売新聞〉을 통해 이렇게 말합니다.

"커트나 염색 등 헤어 서비스로 고객을 만족시키는 것은 미용사로서 당연한 일이라고 생각합니다. 저는 고객이 미용실에 들어서는 순간부터 돌아갈 때까지의 시간 자체를 즐겼으면 합니다."

오사카의 남성 전용 미용실 크랭크CRANK는 사이클링이 취미인 손님들이 모이는 미용실입니다. 크랭크의 점장 오미츠大満는 〈요미우리신문〉과의 인터뷰에서, 자전거라는 컨셉을 떠올리게 된 계기를 이렇게 설명합니다.

"한 달에 한 번밖에 만날 수 없는 손님과의 거리감을 좁히고 싶어서

▲ Hair Studio CRANK 매장 (출처: CRANK 홈페이지)

이발소는 왜 술을 팔까?

공통된 취미를 찾기 시작했습니다. 고객들이 무엇이든 편하게 이야기할 수 있는 환경을 만들고 싶었습니다."*

크랭크에 모인 사람들은 자전거라는 공통의 취미를 갖고 있습니다. 취미가 같으면 금세 친해지기 마련이죠. 이들은 헤어 서비스를 받기 위해서만이 아니라, 자신과 같은 취미에 빠진 사람들과 교류하기 위해 크랭크에 옵니다. 최근에는 자전거 동호인들 사이에서 입소문이 나면서 오사카가 아닌 다른 지역 주민들도 일부러 크랭크를 찾고 있습니다.

이처럼 최근 일본에서는 단순히 '머리하는 곳'을 넘어 친목을 도모하고 취미를 공유하는 등 차별화된 가치를 제공하는 헤어 살롱이 등장하고 있습니다. 가격 경쟁이 심해진 미용 시장에서 미용실이라는 '공간'에 주목해 새로운 해법을 찾은 것입니다. 그들은 사람들이 모일만한 특별한 목적을 내걸어 단골을 만듭니다.

---

* http://studio-crank.com/

남자들의 놀이터로
변신하는 이발소들

　최근 한국에서 몇몇 바버숍이 인기라는 기사를 보았는데요. 일본에서도 감성 넘치는 인테리어와 레트로한 분위기를 뽐내는 바버숍이 등장해 인기를 끌고 있습니다. 화제가 된 바버숍들은 편안히 쉴 수 있는 공간을 만들어 고객들의 시간을 더 많이 점유하고자 합니다.

　아무래도 남성은 여성보다 헤어 서비스를 받을 수 있는 곳이 한정되어 있습니다. 여성들이 주로 가는 미용실에 가거나, 젊은 스타일을 기대하기 힘든 중년 남성 타깃의 이발소에 가야 합니다. 아니면 10분에 1,000엔으로 빠른 커트 서비스를 받을 수 있는 QB 하우스QB HOUSE처럼 저렴한 이발소에 가기도 합니다.

　하지만 세 옵션은 모두 편안한 분위기에서 젊은 감각의

　　　　　　　　　　　　　　　　이발소는 왜 술을 팔까?

서비스를 받고 싶어 하는, 트렌드에 민감한 남자들을 만족시키기에 부족한 면이 있습니다. 이러한 니즈를 포착해 남자들이 편하게 와서 놀 수 있는 공간으로 꾸민 바버숍이 도쿄에 등장했습니다.

도쿄 아오야마靑山에 있는 바버 블루 웍스Barber BLUE WORKS는 매장 한쪽에 바를 만들어 놓았습니다. 바버 블루 웍스의 공동 창업자 중 한 명인 토미즈카富塚는 카나에루Canaeru와의 인터뷰에서 바를 만든 계기를 이렇게 설명합니다.

> "고객에게는 직장이 있고, 가정이 있습니다. 바버 블루 웍스는 편하게 쉴 수 있는 '제3의 공간Third Place'이 되고 싶습니다. 이곳에서 고객과 함께 나이를 먹어간다면 좋지 않을까 생각합니다. 그래서 업무가 끝나고 술 한잔을 할 수 있으면 좋겠다는 고객들의 의견을 반영하여 가게 한쪽에 바를 만들었습니다."•

레스토랑을 만든 바버숍도 있습니다. 하와이안 레스토랑을 함께 지어진 더 바바 도쿄 다인The Barba Tokyo Dine은 헤어 서비스를 받고 난 후, 술을 한잔하면서 식사까지 할 수 있는 곳입니다. 1950년대 미국 문화를 메인 컨셉으로 '남자들이 모

• http://www.blueworksbarber.com/

▲ 바버 블루 웍스 전경

여서 노는 창고'라는 이미지를 구현했습니다. 가게 앞에는
대형 오토바이를 세워 놓고, 매장 안쪽도 자동차나 오토바이
부품으로 꾸며놓았습니다.

　　오사카의 디어 바버Dear Barber는 '30대 이상의 신사를 위한
이발소'를 컨셉으로 내걸고 있습니다. 술을 마실 수 있는 바

　　　　　　　　　　　　　　　　이발소는 왜 술을 팔까?

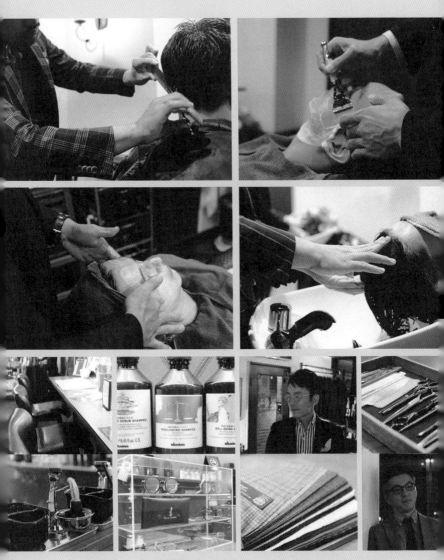

▲ 30대 이상의 신사를 위한 이발소 디어 바버 (출처: 오사카 DEAR BARBER 홈페이지)

를 만들어 편안한 분위기에서 고객들이 네트워킹을 할 수 있도록 공간을 연출한 것에 더하여 전반적인 스타일링까지 제안하고 있습니다. 원하는 고객은 백화점보다 저렴한 가격에 맞춤형 재킷도 제작할 수 있습니다.

디어 바버의 대표이사인 카와무라川村는 디어 바버를 만들게 된 계기를 이렇게 말합니다.

> "옛날부터 이발소는 지역의 정보가 모이고 사람들이 교류하는 장소였습니다. 조금 더 나아가 비즈니스가 이곳에서 생겨나기도 했습니다. 저희 가게에 오시는 분들은 법률 사무소부터 건축 설계, 디자이너 등 매우 다양한 분야에 종사하고 있습니다. 저는 이분들이 자연스럽게 어울리고 네트워킹이 가능하도록 바를 만들었습니다.
> 또한 자주 다니면서 편안해진 이발소에서는 부담 없이 자신의 스타일에 관한 고민을 상담한다는 것을 발견하였습니다. 그것이 제가 맞춤형 재킷까지 가져다 놓은 이유입니다."

미용실에서 헤어 서비스를 받는 시간은 지친 일상 속에서 모든 것을 잊고 잠시 쉴 수 있는 순간입니다. 일본의 바버숍들은 남성 고객이 언제든 편안하게 들러서 쉴 수 있는 공간, 남자들의 놀이터를 창출함으로써 단골을 만들고 있습니다.

이발소는 왜 술을 팔까?

고객의 시간을 점유하는 공간

요즘 한국에도 살롱salon 문화가 조금씩 퍼지고 있는 것 같습니다. 프랑스어로 '상류층 저택의 응접실'을 뜻하는 살롱은 지위와 관계없이 다양한 사람들이 자유롭게 토론하고 대화하는 모임을 말합니다. '날카로운 상상력 연구소'의 김용섭 소장이 쓴《라이프 트렌드 2019-젠더 뉴트럴》에서도 살롱 문화의 부활이 트렌드 중 하나로 꼽힙니다. 취향과 공감대를 중심으로 한 모임이 늘어나고 있는 것입니다.

이를 반영하듯 최근 일본의 미용실과 바버숍 트렌드는 '헤어 살롱'이라는 단어에서 '헤어'보다 '살롱'을 더 강조하는 듯합니다. 업태와 상관없이 앞으로의 비즈니스는 '공간'을 어떻게 활용할지 좀 더 고민해야 할 것입니다. 사람들이 편하게 쉬면서 이야기를 나눌 수 있는 공간을 만들기 위해,

서비스 종류에 국한되지 않고 좀 더 창의적인 접근을 해보면 어떨까요?

같은 지역에 살거나 같은 취미를 가진 사람들이 대화를 나눌 수 있는 공간을 만드는 것은 그 자체로 고객에게 새로운 가치를 줄 수 있습니다. 오사카의 크랭크가 다른 지방에서도 찾아가는 미용실이 되었듯이, 계속 모이고 방문하고 싶은 공간을 만들 수 있다면 어떠한 비즈니스라도 단골을 만들 수 있을 것입니다. 그리고 그 단골은 안정적인 수익의 원천이 될 것입니다.

모든 비즈니스의 목표는 고객의 시간을 점유하는 것입니다. 그러기 위해서는 영리하게 기획한 공간과 커뮤니티가 필요합니다.

스토리로 팔다

11 잡지가 소고기를 부록으로 주는 이유?

농촌이
쇠락한다

경제 발전과 산업화 이후 한국의 농업 규모는 오히려 줄어들었습니다. 이 같은 농촌 경제의 쇠락은 일본에서도 심각한 문제입니다. 1970년 4,900만 명이었던 일본의 농어촌 인구는 2017년 4,000만 명으로 크게 줄었습니다. 더 큰 문제는 농촌의 고령화입니다. 농촌 인구의 8.7%에 불과하던 65세 이상 고령 인구가 2017년 31%로 증가하였고, 고령화가 매우 빠르게 진행되고 있습니다.

농촌의 몰락은 곧 지역 경제의 몰락으로 이어지기 때문에, 일본은 오래전부터 농촌 경제 활성화에 힘을 쏟아왔습니다. 최근 한국에서도 자주 들을 수 있는 '6차 산업화'˙˙라는 말을 만들고, 이를 활발하게 추진하고 있는 나라도 일본입니다.

그러나 이러한 노력에도 젊은이들이 농촌을 떠나면서 빈

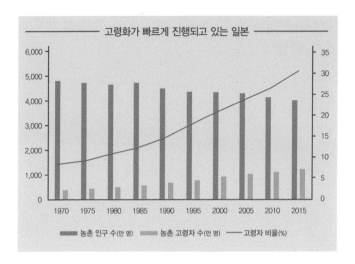

집이 속출하고, 마을이 공동화되는 현상을 피할 수 없었습니다. 또한 많은 생산자가 유통 경로 탐색과 마케팅을 힘들어하고 있습니다. 하지만 힘든 상황에서도 새로운 활로를 모색하는 사람들은 있기 마련이죠. 농촌을 살리기 위한 일본의 전략 중 흥미로운 사례 두 가지를 소개하고 싶습니다.

• 1990년대 중반 일본의 농업경제학자이자 도쿄 대학 명예 교수인 이마무라 나라오미今村 奈良臣가 만든 용어다. 농업의 생산자(1차 산업)가 가공(2차 산업)과 유통 및 판매(3차 산업)을 행함으로써 경영의 다각화를 도모하는 것으로, 일본의 지역 경제를 살리는 데 많은 공헌을 한 개념이다.

　　　　　　　　　　잡지가 소고기를 부록으로 주는 이유?

이주를 꿈꾸게 하는
지역 안테나숍

　일본 전국 지도를 보면 남북으로 길게 뻗어 있는 지리적 특성을 발견할 수 있습니다. 북쪽 홋카이도부터 남쪽 오키나와에 이르기까지 기후가 조금씩 다른 만큼 지역별 특성 또한 강합니다. 그래서인지 일본인들은 지역 특성을 강조한 마케팅에 능합니다.

　도쿄에는 각 지방의 특산물을 살 수 있는 안테나숍^{antenna} ^{shop}*이 다수 존재합니다. 이곳에 가면 후쿠오카에서만 맛볼 수 있는 특산품을 도쿄에서도 손쉽게 구할 수 있죠. 안테나숍은 물건을 판매할 뿐 아니라 자연스럽게 지역 호감도를

---

*　기업이나 지방단체 등이 자사 혹은 해당 지방의 제품을 소개하거나 제품에 대한 소비자들의 반응을 알아볼 목적으로 개설한 점포.

▲ 시가현이 발행하는 뉴스레터에 실린 이주자들의 인터뷰

높이고 해당 지역에 관심을 갖게 합니다.

　도쿄의 안테나숍 중 코코시가ここ滋賀는 시가 현滋賀縣의 특산물을 판매하고 있는데요. 농산물 판매 외에도 다양한 경험을 제공합니다.**

　레스토랑에서는 시가의 농산물로만 만든 요리를, 바에서

** 　https://cocoshiga.jp/

잡지가 소고기를 부록으로 주는 이유?

는 시가에서 만든 일본 술을 맛볼 수 있죠. 또한 시가를 여행하고 싶은 사람들을 위해 상담해주고, 매달 뉴스레터를 발행하는 등 다양한 이벤트를 열고 있습니다.

코코시가가 이렇게 '경험'을 중시하는 이유는 무엇일까요? 단순히 특산물 매출을 올리는 것이 목적이라면 다른 안테나숍처럼 상품을 가져다 놓기만 하면 될 텐데요. 코코시가는 사람들에게 시가라는 지역을 알리고, 사람들이 시가에 방문하길 원합니다. 그리고 궁극적으로는 시가로 이주하는 이들이 생기기를 바랍니다. 실제로 코코시가는 여행객뿐 아니라 이주를 생각하는 사람들을 대상으로 상담을 해주고, 뉴스레터로 이미 시가에 거주 중인 '이주 선배'들의 스토리를 담습니다.

'이주'는 아마 세상에서 가장 팔기 어려운 상품일 것입니다. 시가현은 지역을 간접 경험해 볼 수 있는 공간을 통해, 이주 선배들의 생생한 스토리를 통해, 그 고난도의 설득을 시도하고 있습니다. 지역 경제를 살리는 최고의 방법은 특산품 판매를 넘어, 많은 사람이 해당 지역을 찾아가고 자기 삶의 터전으로 삼는 것이니까요.

만든 사람의 이야기를 입은
농산물

　한국에서도 많은 사람이 관심을 갖는 무인양품은 최근 '식食' 분야에 힘을 쏟고 있습니다. 2019년 4월 긴자에 오픈한 무인양품 플래그숍 점포 1층이 대표적입니다. 다양한 종류의 야채와 신선식품을 판매할 뿐 아니라 신선한 식자재를 사용한 요리를 맛볼 수 있는 레스토랑 무지 다이너Muji Diner, 매장에서 직접 빵을 만들어 파는 베이커리, 차 소믈리에가 상주한 티 스테이션Tea Station까지 갖추고 있습니다.*

　무인양품이 공들여 오픈한 긴자점이 '식' 분야에 집중할 거라는 사실은 어느 정도 예견됐었는데요. 긴자점이 탄생하기 전에 유라쿠초有楽町의 무인양품 매장에서 비슷한 움직임

---

*　https://shop.muji.com/jp/ginza/

▲ 레스토랑 무지 다이너 (출처: 무지 홈페이지)

을 볼 수 있었기 때문입니다. 무인양품의 유라쿠초점은 실험적으로 농산물 코너를 운영했는데, 당시 저는 매장에서 흘러나오는 농부들의 스토리텔링을 눈여겨보았습니다.

토마토를 파는 곳에서는 토마토를 수확하는 농부들의 사진이 붙어 있고, 그들이 자신의 철학을 이야기하는 영상이 흘러나옵니다. 영상을 보다 보면 자연스럽게 농산물에 대한 애착이 생깁니다. '이렇게 힘든 과정을 거치는구나. 이 토마

▲ 무인양품 유라쿠초점의 야채 판매 코너 위 화면에서 흘러나오는 생산자의 스토리

토는 어디서나 흔하게 볼 수 있는 토마토와 다르구나'라고
생각하는 거죠. 그 순간, 스토리텔링을 통해 평범했던 토마
토가 저에게 특별하게 다가왔습니다.

　이러한 농수산물의 부가 가치를 스토리텔링으로 창출하
는 회사가 또 있습니다. 바로 월간 잡지 타베루츠신食べる通信*

<small>＊　　타베루食べる는 일본어로 '먹다'를 의미하고, 츠신通信은 '통신'을 의미한다.</small>

　　　　　　　　　　　　　잡지가 소고기를 부록으로 주는 이유?

입니다.

오사카 타베루츠신, 삿포로 타베루츠신 같은 이름처럼 일본의 36개의 지역에서 발행되는 이 잡지는 전국의 농·축·수산물을 생산하는 사람들의 스토리를 발로 뛰며 취재하여 만들어집니다. 농부의 철학을 듣고, 수확 과정을 옆에서 지켜보며 스토리텔링을 하죠. 생산물을 가장 잘 아는 농부와 어부들이 자기만의 요리 레시피를 공개하기도 합니다.*

여기까지는 일반 잡지와 다를 바가 없습니다. 타베루츠신의 가장 큰 차이점은 구독자가 잡지만 보는 것이 아니라 생산된 제품을 함께 받는다는 것입니다. 예를 들어 후쿠오카 타베루츠신이 아카사키 소고기赤崎牛 생산 농가를 취재한다면, 독자들은 잡지와 함께 아카사키 소고기를 받습니다. 이 잡지의 가격은 2,300~3,500엔으로, 일반 잡지 가격(1,000엔 이하)보다 고가일 수밖에 없습니다. 구독자들은 잡지와 생산물을 함께 구매하는 셈입니다.

현재 약 1만 명의 독자를 보유한 타베루츠신은 다카하시 히로유키高橋博之 대표가 2013년 창간한 잡지입니다. 그런데 사실 다카하시 히로유키는 잡지나 농촌과 전혀 상관없는

---

* https://taberu.me/

▲ 타베루츠신에서는 농장에서 직접 생산한 달걀을 이용해 만들 수 있는 농부들만의
요리 레시피를 제공한다.

▲ 잡지와 함께 진짜 계란이 '부록'으로 배송된다.

잡지가 소고기를 부록으로 주는 이유?

인물이었습니다. 그는 신문 기자가 되고자 했으나 100군데가 넘는 신문사에서 모두 떨어졌습니다. 그후 정치에 뛰어든 그는 지방 선거에 출마했는데, 출마한 지역의 어부들로부터 "당신이 어업에 관해 뭘 아느냐?"는 핀잔만 듣고 낙선합니다.

그때 다카하시 히로유키는 자신이 일본 농촌과 어촌의 현실을 모르면서 입으로만 떠들고 다녔음을 절실히 깨달았습니다. 실패의 경험은 곧 농촌의 스토리를 알려야겠다는 마음으로 이어졌고, 결국 타베루츠신을 창간한 거죠.

일본에서 진행된 TED^Technology, Entertainment, Design 강연에 연사로 출연한 다카하시 히로유키는 이렇게 말했습니다.

> "생산자와 유통자가 분리된 현재의 농수산물 물류 시스템에서 소비자들이 얻는 정보는 제한되어 있습니다. 소비자들은 생산자들이 현장에서 땀 흘리는 모습을 전혀 볼 수 없습니다. 왜 농촌이 어려울까요? 생산자의 얼굴이 떠오르지 않기 때문입니다. 공감이 되지 않기 때문입니다.
> 생산자의 얼굴과 그들이 땀 흘리는 모습을 보여드리면 생산물의 가치가 바뀝니다. '공감력' 이야말로 농촌을 살리는 키워드가 될 수 있습니다."*

---

* 다카하시 히로유키 TED 강연 'Know your food, change the world' ©TEDx Talks
(출처: https://youtu.be/s-iBTD67bgM)

타베루츠신의 진정한 저력은 소비자를 열렬한 팬으로 만드는 데 있습니다. 스토리텔링을 통해 누군가의 팬이 된 소비자들은 생산자를 직접 초청하여 그들의 스토리를 듣고, 레시피를 배우며, 함께 요리한 음식을 즐기는 행사를 개최합니다. 주말에 열리는 장에서 생산자를 대신해 상품을 팔아주기도 합니다.

다카하시 히로유키는 소비자가 생산자에게 직접 주문할 수 있는 온라인 시스템까지 구축했습니다. 그가 생각하는 '농촌을 살리는 길'은 소비자와 생산자가 만날 수 있는 경로를 가능한 많이 만드는 것입니다.

잡지가 소고기를 부록으로 주는 이유?

한 끗 차이를 만드는
스토리텔링

스토리텔링을 통한 차별화는 훌륭한 마케팅 전략입니다. 특히, 상품만으로 차별화가 힘든 시장에서 숨겨진 스토리는 소비자의 충성도를 높이는 포인트가 될 수 있습니다. 요즘에는 각종 물건이 넘쳐납니다. 이럴 때 내가 사용하는 물건과 내가 먹는 식품 이면의 얼굴을 만나고 숨겨진 이야기를 들을 수 있다면 그 물건과 식품은 특별해집니다.

스토리는 공감을 불러일으키고, 공감은 팬을 만듭니다. 생산자의 스토리를 듣고, 생산자와 연결된 소비자들은 자연스럽게 그들의 팬이 되어 지속해서 생산자를 응원하고 지지합니다.

안테나숍 코코시가에서도 가장 먼저 저를 맞이한 것은 입구에 설치된 화면에서 흘러나오는 시가의 스토리였습니다.

그때까지 시가가 어디 즈음에 있는지도 몰랐던 저였지만, 스토리를 알고 나니 시가가 더욱더 특별하게 느껴졌습니다.

스토리의 힘은 대단합니다. 타베루츠신을 통해 판매액이 10배 늘어난 농가가 이를 증명합니다.

스토리로 팔다

평생 집을 사지 않는
일본

한국에서 지인들을 만나면 빠지지 않고 등장하는 화제가 있습니다. 바로 집입니다. 한국에서 부동산, 특히 집은 중요한 재테크 수단입니다. 어느 모임에 가도 아파트 투자에 관한 이야기를 자주 들을 수 있죠.

일본의 주택 시장은 다릅니다. 일본에서는 마치 자동차를 할부로 사듯 주택도 장기 할부 형태로 살 수 있죠. 주택 담보 대출 금리(2019년 평균 0.7%)는 매우 낮고, 은행은 집 가격의 100%에 해당하는 금액을 35년이라는 장기간에 걸쳐 대출해 줍니다. 이러한 구조로 인해 목돈이 없더라도 주택을 사는 것이 가능하며, 초기 비용도 거의 들지 않습니다.

그런데도 일본에는 평생 집을 렌트하면서 사는 사람이 많습니다. 일본인들은 주택을 소비재로 생각하며, 집을 구입한 순간부터 가격이 내려가는 일을 당연하게 여기기 때문입니다.

집을 구입하지 않는 사람은 많지만 최근 일본 주택 시장의 트렌드로는 '듀얼라이프'를 들 수 있을 것 같습니다. 듀얼라이프란 도심과 시골 두 군데에 생활 거점을 두고 평일에는 도심에서 회사 생활을 하고 주말에는 자연에 둘러싸인 곳에서 시간을 보내는 라이프스타일을 말합니다.

이러한 라이프스타일은 경제적 여유가 있는 노부부가 은퇴 후 누리는 삶이라는 인식이 강했습니다. 하지만 최근 젊은 20~30대의 중산층을 중심으로 듀얼라이프를 즐기는 사람들이 조금씩 늘어나고 있는데요, 어떻게 이렇게 살아가는 것이 가능할까요?

현재 일본은 도심으로 인구가 집중하면서 지방에는 빈집이 속출하고 있으며, 이는 매우 심각한 사회 문제가 되고 있습니다. 그래서 일본 정부는 이 문제를 해결하기 위한 노력으로 빈집을 저렴한 가격으로 임대할 수 있게 했습니다. 또 시골의 빈집을 개조하여 셰어링 하우스 사업을 하는 사람들이 조금씩 늘어나면서 저렴한 가격으로 시골의 빈집을 이용할 수 있도록 하였습니다. 하지만 듀얼라이프 인기의 가장 큰 원인은 자연에 둘러싸인 곳에서 여유를 만끽하고 싶은

매일 캠핑하며 살아가는 사람들?

니즈가 증가하고 있기 때문입니다.

이러한 자연 친화적인 라이프를 도심에서도 즐길 수 있는 집이 최근 일본인들의 마음을 사로잡고 있습니다. 엄밀히 말하면 집 자체보다는 '집에서 누릴 수 있는 라이프스타일'에 반한 소비자들이 많습니다.

캠핑하는 기분을
매일 만끽하는 집

    사원 200명, 매출 134억 엔의 베스^{BESS}는 주택 건설업체 치고는 작은 규모의 회사지만, 특정 틈새시장$^{niche\ market}$에서 독보적인 존재감을 보입니다. 주로 산속이나 캠핑지에서 볼 수 있는 로그하우스$^{log\ house,\ 통나무집}$ 시장의 60%를 점유하고 있죠.

    일반적으로 로그하우스는 주문 생산을 받아 짓기 때문에 가격이 매우 비싸 부유층의 전유물로 여겨지곤 했습니다. 하지만 베스는 점점 높아지는 일반인들의 전원생활에 대한 니즈를 한발 앞서 읽고, 일반인도 구입할 수 있는 저렴한 로그하우스를 만들었습니다. 주문 생산 방식이 아니라 다섯 종류로 디자인이 한정되어 있어 가격이 저렴합니다. 또한 도심에서 출퇴근하는 사람을 대상으로 삼아 시골이 아닌 도심에

▲ 베스의 로그 하우스 전경

지었습니다.

최근 베스의 로그하우스가 일본에서 소리 없이 인기를 끌고 있는데요. 이 특별한 집에 살면서 자연스럽게 가족 구성원들의 라이프스타일이 바뀌기 때문입니다. 베스의 로그하우스에 사는 사람들의 일상은 어떨까요?

디자인을 불문하고 베스의 로그하우스에는 공통점이 있습니다. 기둥 없이 탁 트인 1층에 거실과 주방만 두고, 커다란 테라스를 만들어 거실과 이어지게 합니다. 어른들은 넓은 1층 공간에 모여 앉아 이야기꽃을 피우고, 아이들은 거실, 테라스, 앞마당을 뛰어다니며 노느라 정신이 없습니다.

장작으로 불을 지펴 난방하거나, 화덕을 설치한 집도 있습니다. 장작을 준비하다가 자연스럽게 DIY^{Do It Yourself}에 취미가 생기고, 화덕이 있다 보니 다양한 요리에 관심을 가지게 됩니다. 직접 만든 화덕 피자를 자랑하기 위해 친구들을 집으로 초대하기도 하죠.

이렇듯 베스는 주택을 파는 것을 넘어 그 집에서 살아가는 라이프스타일을 함께 팔고 있는 것입니다.

베스는 집에 대한 자신들의 철학을 이렇게 표현합니다.

"집은 도구입니다. 집을 가진다는 것은 자산 가치보다 '활용 가치'

매일 캠핑하며 살아가는 사람들?

▲ 스토브가 있는 베스의 로그 하우스 내부

로서 의미가 있습니다. 집은 즐거운 삶을 살아가기 위한 커다란 도구여야 합니다."

집은 우리의 생활을 편리하게 해주는 '도구'라는 철학이 인상적입니다. 베스는 집 자체를 우선순위에 두지 않고, 대신 고객의 라이프스타일을 실현할 수 있는 도구로 집을 설계합니다. 집은 우리의 삶에 가장 큰 영향을 줄 수 있는 요소니까요.

매일 캠핑하며 살아가는 사람들?

팬이 된 주민이 곧
영업 사원이다

'집'을 마련하는 일은 아마 인생에서 가장 큰 소비 중 하나일 것입니다. 이렇게 팔기 힘든 물건인 집을 베스는 어떻게 팔고 있을까요? 로그하우스를 집이 아닌 '도구'로 해석하고 라이프스타일을 파는 베스는 어떻게 마케팅을 하고 있을까요? 베스가 로그하우스를 마케팅하는 방식을 살펴보면서 '라이프스타일' 마케팅에 대한 힌트를 얻습니다. 바로 체험, 스토리텔링, 그리고 커뮤니티입니다.

베스의 영업 방식은 일반 주택 건설 회사와 다릅니다. 일본의 주택 전시장이나 모델 하우스에서는 보통 영업 사원이 고객을 따라다니며 설명합니다. 그러나 베스에서는 영업 사원이 전시장에 방문한 사람들을 간섭하지 않습니다. 그 덕분에 고객들은 마음 놓고 편하게 둘러볼 수 있습니다. 베스가 제안하는 라이프스타일을 체험할 수 있도록 하는 것입니다.

그래서 '로그하우스로 가는 길'을 의미하는 베스의 전시장 로그웨이LOGWAY에는 주말에 아이들을 데리고 놀러 오는 가족이 많습니다. 전시장이 아니라 가족의 놀이터인 셈입니다. 가벼운 마음으로 전시장을 경험한 가족은 자연스럽게 베스의 로그하우스에 호감을 느낍니다.

베스는 전시장의 로그하우스를 호텔로도 만들어 놓았습니다. 고객들은 이곳에서 며칠간 머물면서 로그하우스의 생활을 미리 경험할 수 있습니다. 새로운 방식의 삶에 처음 도전하는 사람들의 불안감을 줄여주기 위해서죠.

베스의 홈페이지에는 로그하우스에 살면서 자신의 생활이 어떻게 바뀌었는지 자랑스럽게 말하는 거주자들의 후기 글이 가득합니다.

로그하우스에 사는 주민들은 비슷한 라이프스타일과 취미를 가져서인지 금세 친해져 자신들의 커뮤니티를 만듭니다. 일본 내에서는 베스의 열렬한 팬으로서 500명 이상의 주민들이 로그하우스를 자발적으로 홍보하고 다닙니다. 그들은 전시장을 방문한 사람들에게 자신의 생활을 이야기하고, 로그하우스 생활에 대한 팁을 전수합니다.

베스의 로그하우스를 방문한 사람들은 로그하우스에서의

매일 캠핑하며 살아가는 사람들?

▲ 로그하우스 실제 거주자들이 공유한 사진들 (출처: 베스 홈페이지)

삶을 직접 체험하고, 실제 거주자들의 스토리를 통해 자신의 삶을 상상해 봅니다. 로그하우스에서의 체험과 스토리에 반한 소비자들은 로그하우스에 살기 시작합니다. 이렇게 로그하우스의 팬이 된 거주자들은 새로운 팬을 불러들입니다.

베스가 선사하는 라이프스타일에 매료된 사람들은 점점 늘어나고 있습니다. 베스는 현재 일본 전국에 43개의 전시장을 운영 중이며, 동네의 거의 모든 집이 베스의 로그하우스인 '베스 지구'도 14곳에 이릅니다.

라이프스타일로
틈새를 발견하다

베스의 이야기를 통해 라이프스타일 관련 비즈니스를 할 때, 소비자들에게 어떻게 접근하면 좋을지를 생각해봅니다. 무엇보다도 소비자들이 제품이나 서비스가 제안하는 라이프스타일을 체험하고 팬이 되도록 하는 것이 중요할 것입니다. 체험은 제품이나 서비스를 직접 사용해 보는 것뿐만 아니라 스토리텔링을 통한 간접 체험도 포함할 것입니다. 팬을 만드는 것이 중요한 이유는 팬들이 자발적으로 입소문을 내주기 때문입니다. 특히 SNS의 영향력이 강한 지금, 입소문은 어느 대중 매체보다 강한 영향력을 발휘할 것입니다.

베스의 전략은 비즈니스 관점에서 보았을 때도 매우 훌륭합니다. 베스는 변화하는 주택 시장에 대한 사람들의 니즈를 읽고 블루오션을 찾아냈습니다. 자연 친화적이고 감성이 충

만한 집에 살고 싶은 사람은 많으나, 그들에게는 산속에 통나무집을 지어서 사는 극단적인 옵션뿐이었습니다. 이는 불편한 생활도 감수해야 하는 선택입니다.

베스는 도심의 편리성을 누리면서도 주민들이 지향하는 라이프스타일이 실현될 수 있도록 집을 만들었습니다. 베스의 로그하우스를 구입한 사람들은 집이라는 도구를 통해 자신들이 꿈꾸는 라이프스타일을 실현하고 있습니다.

라이프스타일 비즈니스에 관하여

책을 구상하면서 가장 어려운 작업 중 하나는 아마도 제목을 정하는 것일 겁니다.

저 또한 원고를 다 작성한 후에도 마지막까지 제목을 놓고 고민을 했습니다. '라이프스타일'이라는 단어를 책 제목에 넣어도 될까라는 개인적인 우려가 있었기 때문입니다. 요즘에는 라이프스타일이라는 단어를 쉽게 접할 수 있고, 기업들도 자신들의 브랜드나 비즈니스를 수식하는 단어로 '라이프스타일'을 서슴없이 사용하고 있지만, 아직 명확히 정의되지 않은 이 단어를 과연 책의 제목으로 사용해도 될까하는 걱정이 앞섰습니다.

하지만 제가 발견하고 모아놓은 사례들을 다시 꼼꼼히 들여다보니 이야기들의 중심에는 결국 라이프스타일이 자리 잡고 있음을 발견할 수 있었습니다.

그렇다면 대체 라이프스타일 비즈니스란 무엇이고 어떻게 접근해야 할까요? 아쉽게도 라이프스타일 비즈니스를 어떻게 전개해야 하는지에 대한 정답은 없습니다. 하지만 제가 소개해드린 사례들을 통해 몇 가지 공통점을 발견할 수 있습니다.

첫째, 라이프스타일 비즈니스는 기존의 세그멘테이션, 즉 고객 세분화 방식을 고집하지 않습니다.

타깃 고객을 설정하기 위해 시장을 세분화할 때 많은 경우 인구통계학 관점으로 소비자를 나누고 있습니다. 하지만 라이프스타일 비즈니스에서는 이러한 접근이 소비자들을 이해하는 데 있어 의미 있는 구분이 되지 못할 수 있습니다.

린넬 잡지 사례가 잘 보여주듯이 린넬은 전통적인 잡지의 고객 세분화 방식인 나이나 직업 등으로 독자를 구분하지 않았습니다. 소확행을 일상에서 실현하면서 살아가고 싶은 여성들은 특정 연령대, 특정 직업, 특정 지역에 국한되지 않기 때문입니다.

라이프스타일 비즈니스에 관하여

베스의 로그하우스 또한 기존의 주택 시장에서 사용하는 기준으로 고객을 나누지 않았습니다. 주택 시장에서는 1인 가구는 원룸 형태의 오피스텔, 4인 가족은 방 2개의 아파트 등과 같은 일률적인 방식으로 고객을 구분하고 그에 맞추어 주택의 형태를 정하고 있습니다. 하지만 베스에게 가족의 인원수는 중요하지 않습니다. '자연 친화적인 라이프스타일'을 원하는 사람들은 누구나 베스의 고객이 될 수 있습니다.

둘째, 외부 자원을 현명하게 활용하고 있습니다.

앞서 소개한 다양한 사례들에는 항상 컬래버레이션, 즉 협업이 등장합니다. 한 가지의 제품이나 서비스만으로 고객이 추구하는 라이프스타일을 현실에서 구현해내는 것은 어렵습니다. 대부분의 라이프스타일 기업들이 다양한 제품이나 서비스를 통해 소비자들이 그리는 라이프스타일을 만들어내고 있습니다. 하지만 기업의 한정된 자원으로 모든 것을 다 할 수는 없습니다. 그렇기 때문에 라이프스타일을 제안하는 브랜드들은 자연스럽게 외부로 눈을 돌립니다. 자신들의 가치관과 스타일을 표현해낼 수 있다면 업종과 업태를 불문하고 다양한 브랜드들과 협업을 하고 있습니다.

**마지막으로 라이프스타일 비즈니스는 경험을 통해
소비자들에게 다가갑니다.**

소개된 많은 사례들이 단순히 물건을 판매하는 것이 아니라
소비자가 체험할 수 있는 장치를 마련하고 있습니다. 렉서스
가 꽃꽂이 워크숍을 개최하는 것도, 화장품 브랜드들이 요리
학교를 운영하는 것도 고객들이 브랜드가 제안하는 라이프
스타일을 경험하고, 이를 넘어 동일한 라이프스타일을 즐기
는 사람들과 교류하도록 돕기 위함입니다. 브랜드가 전달하
는 라이프스타일이 매장을 넘어 고객들의 삶에 녹아들게 하
고, 커뮤니티에 지속적으로 노출됨으로서 소비자들을 브랜
드의 팬으로 만들고 있습니다.

　한국을 포함하여 전 세계적으로 각자의 개성을 표출하는
소비자들이 증가하고 있으며 라이프스타일에 대한 관심이
높아지고 있습니다. 소비자들과 깊은 관계를 맺는 브랜드,
소비자들이 팬이 되는 제품이나 서비스를 만드는 방법 중
하나는 라이프스타일을 제안하고 소비자들의 삶 속으로 들
어가는 것입니다.

Epilogue

일본에는 사자비 리그$^{SAZABY\ LEAGUE}$라는 회사가 있습니다. 요즘 한국 사람들 사이에서 유명한 쌀가게인 아코메야^{AKOMEYA}를 만들고, 스타벅스^{STARBUCKS}, 쉐이크 쉑$^{Shake\ Shack}$, 캐나다구스$^{Canada\ Goose}$ 등 해외 유명 브랜드를 일본에 소개한 회사죠.

해외의 앞서가는 트렌드를 일본에 소개하는 사자비 리그의 창업자는 스즈키 리쿠조鈴木陸三입니다. 1943년생인 그는 대학을 졸업하고 바로 취직하지 않고 3년간 유럽 여행을 다녔습니다. 갭 이어$^{gap\ year}$라는 단어도 익숙해지고 대학 졸업 후 해외에서 여행이나 봉사 활동을 하면서 자신이 원하는 것이 무엇인지 찾는 젊은이들이 늘고 있는 지금으로서는 그의 선택이 특별하게 보이지 않을 수도 있습니다. 그러나 빠른 경제 성장을 보였던 1960년대 후반 일본에서 사회 초년생 시기에 취업을 하지 않고 3년간 유럽을 여행한다는 것은 매우 파격적인 행보였습니다. 하지만 그는 젊은 시절을 유럽에서 보낸 경험이 지금의 사업에 기틀이 되었다고 합니다.

토요게이자이東洋経済와의 인터뷰에서 스즈키 리쿠조는 이렇게 말합니다.

"일본 소비자들이 해외 브랜드에 열광하는 분위기는 있으나, 일본 시장에 진입하기는 그리 쉽지 않습니다. 일본에서 성공하기 위해서는 일본 시장을 잘 알고 있는 통역자interpreter가 필요합니다. 우리 사자비리그가 바로 그 통역자입니다."

우리 역시 마찬가지입니다. 일본의 사례들을 그대로 가져다 쓸 수는 없습니다. 그의 말처럼 일본의 사례를 우리 시장에 맞게 해석할 필요가 있습니다. 예를 들어 저는 린넬, WTW가 제안하는 집, 베스의 로그하우스 등 주택에 관한 이야기를 많이 했는데요. 그렇다고 한국의 의류 브랜드가 주택 사업을 시작해야 한다거나, 주택 건설 회사가 로그하우스를 만들어야 한다고 주장하려는 것은 아닙니다. 일단 일본과 한국의 주택 시장이 너무 다르니까요.

그 대신, 취향과 개성이 강해진 소비자들이 공간을 통해 자신의 라이프스타일을 구축하려는 니즈가 강해지고 있다는 맥락으로 이해해주신다면 좋겠습니다. 그리고 이러한 니즈가 앞으로도 계속 높아질 거라고 예측해보는 것만으로도 충분하다고 생각합니다.

《라이프스타일 판매 중》을 통해 라이프스타일 비즈니스에 관한 힌트, 즉 어떤 라이프스타일을 제시하고, 제시한 라이프스타일을 어떤 상품이나 서비스를 통해 구현해내고 있는지, 그리고 이를 위해 누구와 협업하고 어떤 경험을 제공하는지를 이해하는 데 도움이 되었기를 바랍니다.

라이프스타일 판매 중

초판 1쇄 인쇄 2019년 10월 15일 | 초판 1쇄 발행 2019년 10월 28일

지은이 정희선
펴낸이 김영진

사업총괄 나경수 | 본부장 박현미 | 사업실장 백주현
개발팀장 차재호 | 책임편집 박현아
디자인팀장 박남희 | 디자인 이서윤
마케팅팀장 이용복 | 마케팅 우광일, 김선영, 정유, 박세화
출판기획팀장 김무현 | 출판기획 이병욱, 이아람
출판지원팀장 이주연 | 출판지원 이형배, 양동욱, 강보라, 전효정, 이우성

펴낸곳 (주)미래엔 | 등록 1950년 11월 1일(제16-67호)
주소 06532 서울시 서초구 신반포로 321
미래엔 고객센터 1800-8890
팩스 (02)541-8249 | 이메일 bookfolio@mirae-n.com
홈페이지 www.mirae-n.com

ISBN 979-11-6413-309-3 (03320)

book by PUBLY × Mirae N
《라이프스타일 판매 중》은 북 바이 퍼블리와 ㈜미래엔이 협업하여
퍼블리(publy.co)의 디지털 콘텐츠를 책으로 만들었습니다.

「이 도서의 국립중앙도서관 출판시도서목록(CIP)은 서지정보유통지원시스템 홈페이지(http://seoji.nl.go.kr)와
국가자료공동목록시스템(http://www.nl.go.kr/kolisnet)에서 이용하실 수 있습니다.
(CIP제어번호: CIP2019038820)」